D1705082

Albert Stähli

MAYA-MANAGEMENT

ALBERT STÄHLI

MAYA-MANAGEMENT

Lernen von einer Elitekultur

Bibliografische Information der Deutschen Nationalbibliothek
Die Deutsche Nationalbibliothek verzeichnet diese Publikation
in der Deutschen Nationalbibliografie; detaillierte bibliografische
Daten sind im Internet über http://dnb.d-nb.de abrufbar.

Albert Stähli
Maya-Management
Lernen von einer Elitekultur

F.A.Z.-Institut für Management-,
Markt- und Medieninformationen GmbH
Mainzer Landstraße 199
60326 Frankfurt am Main
Geschäftsführung: Volker Sach und Dr. André Hülsbömer

Frankfurt am Main 2012

ISBN 978-3-89981-272-5

Frankfurter Allgemeine Buch

Copyright   F.A.Z.-Institut für Management-,
               Markt- und Medieninformationen GmbH
               60326 Frankfurt am Main

Umschlag   Anja Desch
Satz   Hans-Joachim Conradi
Titelbild   © Olga Ktitorova/fotolia
Druck   CPI Moravia Books s.r.o., Brněnská 1024, CZ-691 23 Pohořelice

Printed in EU

Für Nada, Olia und Esther

Inhalt

KAPITEL I

Zur Einführung
Zukunft braucht Herkunft

Etwa zwischen 800 v. Chr. und 900 n. Chr. siedelt das Volk der Maya in weiten Teilen Mexikos und Guatemalas. Während Europa in der Antike erwacht, danach in finsteres Frühmittelalter versinkt und erst unter den Karolingern wieder zu leben beginnt, begründet und bewahrt eine Kaste von Priestern und Beamten das wohl organisierteste Staats- und Verwaltungswesen Mittelamerikas. Es überdauert die Blütezeit der Griechen, Römer, Perser und Phönizier um Hunderte von Jahren.

Zu verdanken ist dies dem unerschütterlichen Glauben der Maya an die von den Naturgöttern vorgegebene Erwähltheit ihrer Eliten und deren ständigen Bemühen, die Geheimnisse der belebten und der unbelebten Natur entschlüsseln zu wollen. Bildung und Lernen standen in der Oberschicht dieses Volkes in hohem Ansehen. Dorthin gelangte man deshalb nicht nur qua Geburt, sondern auch durch Leistung. Genauer: durch Höchstleistung, die nicht dem Individuum oder seiner Familie von Nutzen war, sondern die einzig und allein dem Wohlergehen des Volkes dienlich sein musste.

Der Ruf der Maya ist legendär. Ihr Name ist untrennbar mit großen Entwicklungen im Städtebau, in der Kunst, in

9

der Mathematik, in der Astronomie und in der Kalenderrechnung verbunden. Die straff geführte, auf die Aus- und
Weiterbildung von Eliten setzende Gesellschaftsform der
altamerikanischen Hochkultur wirkt bis in die Gegenwart
hinein – rätselhaft, faszinierend und voller ungelöster
Geheimnisse.

Wieder ganz nahe kommen uns die Rätsel der Maya in
diesen Wochen und Monaten. Denn zur Wintersonnenwen-
de des Jahres 2012 wird der berühmte, 5.200 Jahre
umspannende Maya-Kalender von einem Tag auf den anderen zu Ende gehen, und die Wissenschaft ist sich nicht
einig, ob er danach mit einer anderen Periode neu beginnen
wird. Der Legende der Maya zufolge steht der Untergang
der Welt bevor, weil sich die Sonne in einem besonderen
Abschnitt der Milchstraße befinden wird, nämlich „im
Maul des Großen Himmelskrokodils". Damit umschreiben
die Astronomen der Maya eine ungewöhnliche Rotations-
stellung der Erdachse, die diese um den 21. Dezember
2012 herum einnehmen wird.

Für die Maya verheißt das eine Zeit der Ungewissheit und
großer Gefahren. Diese könne man nur mit bestimmten
Ritualen abwenden, um anschließend eine Zeit des Neube-
ginns einzuleiten. Wie dieser Neubeginn allerdings aus-
sieht, liegt völlig im Dunkeln.

Der Ursprung dieser Maya-Legende ist heute nicht mehr
mit Gewissheit nachvollziehbar. Doch was auch immer der

Prophezeiung zugrunde gelegen haben mag: Bei vielen Menschen befördert der Eintritt in das magische Jahr Unsicherheiten und geradezu apokalyptische Ängste.

Angst trifft auf Zorn

Solche Befürchtungen treffen zu Beginn des letzten Maya-Jahres auf eine von Unsicherheit und Zorn durchzogene Grundstimmung der Menschen in den westlichen Gesellschaften. Sie drückt sich aus in wachsender Politikverdrossenheit, zurückgehender Wahlbeteiligung und offen ausgesprochener Sorge um die Demokratie. Weltweit versammeln sich Menschen, um friedlich gegen Entwicklungen zu demonstrieren, die sie weder gewollt haben noch wollen, aber nicht verhindern können. In den von Banken-, Finanz- und Staatschuldenkrisen geschüttelten Ländern Europas wird im Wochentakt zu Streiks und Protestveranstaltungen aufgerufen. Aktionen wie die im Herbst 2011 in New York einsetzende „Occupy"-Bewegung treiben Menschen in zahlreichen Ländern der Erde, auch noch Monate danach, auf die Straße – und augenscheinlich werden es immer mehr.

Der Hintergrund des um sich greifenden Volkszorns ist nun beileibe nicht die vor Hunderten Jahren verkündete Endzeitvision der Maya. Nein, der Anlass ist weitaus banaler, was freilich nicht als Geringschätzung der Besorgnis gewertet werden darf. Angesichts der ökonomischen Dauerkrise, die seit Beginn des Jahrtausends Millionen Menschen benachteiligt, fühlen sich die Bürger von den Verantwortlichen in Politik und Wirtschaft nicht mehr repräsentiert, sondern benutzt und ausgenutzt. Ohnmacht und Gefühle wie Hilflosigkeit und sich anonymen Entscheidern an der Spitze von Politik, Wirtschaft und Gesellschaft ausgeliefert zu sehen, greifen um sich.

Elite heute und früher

Auf der Anklagebank sitzen ausgerechnet die Menschen, die angetreten sind, dank ihrer überlegenen Bildung, ihres Wissens und ihrer Intelligenz andere Menschen in eine gute, in eine bessere Zukunft zu führen. Auf der Anklagebank sitzt die Elite der westlichen Gesellschaften. Die Wissens-, die Macht-, die Moralelite.

Das Wort Elite bildet die *sprachliche*, das Selbstverständnis derjenigen, die zu ihr gehören (wollen) die *inhaltliche* Brücke zwischen der einst so erfolgreichen Maya-Kultur und der in ihren Grundfesten wankenden, marktwirtschaftlich-demokratischen Kultur. Gefragt werden soll in diesem Buch einerseits, warum es uns modernen und aufgeklärten Menschen nicht gelingt, Eliten so neidlos anzuerkennen, wie es eine über Hunderte Jahre hinweg nachweislich erfolgreiche Gesellschaft verstanden hat. Gefragt werden soll aber auch danach, ob — und wenn ja, was — sich im Selbstverständnis zeitgenössischer Eliten gewandelt hat.

Hat es etwas mit der medialen Omnipräsenz von selbsternannten Polit-, Business-, Sport- und Showgrößen zu tun, dass moderne Eliten sich zwar als dem Volk überlegen, aber nicht dem Volk gegenüber Rechenschaft schuldig zeigen? Hat der Elitebegriff an inhaltlicher Substanz verloren und beschränkt sich nur noch auf das formale Herausgehobensein gegenüber anderen? Befördert das kapitalistische System womöglich die organisierte Verantwortungslosigkeit der Mächtigen, zumal der in Politik und Wirtschaft? Oder liegt die Wurzel tiefer, nämlich im System von Bildung und Ausbildung – zumal derjenigen, die den von ihren Entscheidungen Abhängigen zu Kampfschriften wie „Empört Euch!" (im französischen Original: „Indignezvous!") des 1917 geborenen Widerstandskämpfers Stéphane Hessel (2010) anfeuern.

„(…) Es gibt so viel Geraune über die Rolle des Finanzsystems, und die Ohnmachtsgefühle wachsen bei immer mehr Bürgern, sodass der Protest ernst genommen werden sollte. Warum auch nicht: Viel zu lange haben sich die Wirtschaft und erst recht die Finanzwelt als Elite der Gesellschaft gesehen mit einem Geschäftsmodell, das der Bürger nicht versteht und nicht zu verstehen brauche – und umgekehrt wurde ihr diese Rolle von der Gesellschaft auch zugebilligt. Das ändert sich nun, da die Dinge aus dem Ruder laufen. Von einer Elite erwartet man geräuschlose Lösungen, nicht sich immer höher auftürmende Probleme." (Beise, M., 2011)

Angesichts der endzeithaften Stimmung in den westlichen Gesellschaften gerät das Thema Elite und Elitenbildung erneut in die Diskussion. Vor dem Hintergrund der politisch und ökonomisch zusammenfließenden Welt sind sich die Experten inzwischen einig darüber, dass allein Bildung und lebenslanges Lernen Kulturen aufrechterhalten, die Umwelt bewahren und Konflikte im Zusammenleben der Menschen begrenzen können – sowohl im Makrokosmos auf staatlicher Ebene wie auf der Mikroebene der Familien und auf der sozialem Gestaltungswillen entspringenden Metaebene der Unternehmen.

Allein über die Form und die Inhalte der zu vermittelnden Bildung gehen die Meinungen auseinander. Während Pädagogen den Ausbau des frühkindlichen Lernens in der Gruppe fordern, verlangen Politik und Marktwirtschaft eine bereits in der Jugendzeit beginnende Ausrichtung auf die Bedürfnisse des Arbeitsmarktes. Dieser Dissens, verbunden mit den ökonomischen Fragen der Finanzierung und deren Träger, verwirbelt die Diskussion bis heute und erschwert sowohl die politische als auch die private Willensbildung, die einer gemeinsamen und darum Erfolg versprechenden gesellschaftlichen Strategie zugrunde liegen muss.

Die Absicht dieses Buches ist es, die aktuelle Debatte durch einen Blick auf das gesellschaftliche Konzept und das Eliten(selbst)verständnis der Maya zu bereichern und ihr dadurch einen neuen Impuls zu geben.

Lernen wir heute noch von den Besten?

Jüngste Forschungen deuten darauf hin, dass die herausragenden wissenschaftlichen Erfolge der Maya unter anderem auf einem ausgeklügelten Bildungssystem auf der Grundlage des kontinuierlichen Lernens der Besten von den Besten beruhten. Schriftliche und darstellerische Überlieferungen der Maya legen nahe, dass lebenserfahrene Lehrende und lebenswillige Lernende einen Bund schlossen, um gemeinsam ein Thema zu befragen und für sich und für andere zu erschließen. Der Orientierungsüberschuss der Lehrenden bezog sich auf das Fachwissen und die Feldkenntnisse, weniger auf die Entwicklungspsychologie der Lernenden.

Anders formuliert: Bei den Maya waren Wissens- und nicht Rollenhierarchien Kennzeichen der Wissensvermittlung. Schüler und Lehrer interagierten auf Augenhöhe, die Wissenserschließungs-, -umsetzungs- und -fortschreibungserfahrungen der älteren Lehrer waren anerkannt und wurden von den jüngeren Lernenden akzeptiert. Auf diese Weise pflegte das in seinen Leistungen anerkannt erfolgreiche Volk der Maya eine Kultur gemeinsamen „forschenden Lernens". Dank dieses Lehr- und Lernmodells konnte sich eine menschliche Gemeinschaft über tausend Jahre hinweg zu einer Hochkultur entwickeln, die ihr Ziel nicht in der Überlegenheit über andere Völker sah, sondern in der Überlegenheit des Geistes und im Überleben ihrer Kultur.

Der Gedanke, die begabtesten Schüler besonders zu fördern und von den jeweils Besten ihrer Zunft unterrichten zu lassen, ist in der Gegenwart zugunsten eines vergleichsweise schmal angelegten Basiswissens für alle in den Hintergrund getreten. Der beginnende demografische Wandel mit der wachsenden Überalterung der westlichen Gesellschaften indes sollte Anlass geben, auf dieses in der Vergangenheit bewährte Konzept zurückzukommen. Denn obwohl die Ursachen für den Niedergang der Maya-Kultur noch immer nicht vollständig erschlossen sind, so ist das, was die Maya in ihrer goldenen Periode geschaffen und vollbracht haben, mittlerweile umfänglich entschlüsselt. Es kann modernen Gesellschaften und ihren Untergruppen mehr als einen Fingerzeig geben, um das Thema Bildung und Weiterbildung auf der Grundlage des Gewesenen neu zu denken.

Denn zu den verantwortlichen Entscheidern der Maya, die in den Genuss umfänglicher Bildung kamen, zählten ja nicht nur die von Geburt wegen zur Elite gehörenden Nachkommen adliger Familien, sondern auch einfache Menschen, die sich durch Leistung und Gesinnung als begabte Anführer erwiesen hatten. Auf eine Zeit übertragen, die noch gar nicht so lange zurückliegt, könnte man sagen: Dieses altamerikanische Volk hat den zweiten Bildungsweg erfunden. Ebenso stand es Pate für die in jüngster Zeit immer lauter erhobene Forderung nach dem lebenslangen Lernen, denn Bildung hörte bei den Maya niemals auf. Ebenso wenig, wie die Verantwortung der Elite für die Gesellschaft jemals an eine Grenze stieß.

Die Prophezeiung als Anstoß zur Veränderung

In weniger als einem Jahr soll dem Maya-Kalender zufolge die Erde ihr Antlitz verändern. Das kann man als Glauben eines naiven Naturvolks belächeln oder mit leichter Hand als eine der zahllosen Untergangstheorien abtun. Man kann sich aber auch wie ich fragen, ob die Zeit für notwendige Veränderungen in unserer Gesellschaft nicht schon längst gekommen ist. Ob die Menschen nur eines – zugegeben: belächelbaren – Anlasses bedürfen, um sich zurückzulehnen und die vergangenen Jahrzehnte im Licht eines fernen Spiegels zu betrachten.

Zukunft braucht Herkunft. Die Kultur der Maya ist nicht Teil des tradierten Erbes der westlichen Kulturen. Sie wurde entdeckt, als sie bereits untergegangen war und sich nur noch Spuren von ihr finden ließen. Sie hat sich und ihre Gesellschaft aber über weit mehr als tausend Jahre hinweg gehalten. Vielleicht können wir von ihr lernen, wie man verhindern kann, auf den Untergang zuzusteuern.

KAPITEL 2

Historische Einordnung

Die Hochkultur der Maya

Wer sich und andere nach vorne denken will, muss zurück-schauen. Um zu verstehen, warum die Dinge so und nicht anders passieren, wie scheinbar isolierte Geschehnisse im Inneren zusammenhängen und warum Menschen so han-deln, wie sie handeln, bitten wir George Orwell, uns für ein paar Stunden seine „Time Machine" auszuleihen. Wir stel-len das Rad auf das Jahr 800 n. Chr. und fliegen zwölfhun-dert Jahre zurück in eine von Mythen und Geheimnissen umrankte Weltregion – in das Reich der Maya.

Geografische Einordnung

Das Land der Maya erstreckt sich über ein Gebiet, das fast so groß ist wie das wiedervereinigte Deutschland. Sein Mit-telpunkt ist die Halbinsel Yukatán im Golf von Mexiko. Dort liegt auch das Zentrum der altamerikanischen Hoch-kultur. Heute befinden sich hier die südmexikanischen Bundesstaaten Chiapas, Tabasco, Campeche, Yukatan und Quintana Roo. Auch Flächen innerhalb der aktuellen poli-tischen Grenzen von Guatemala, Belize, Honduras und El Salvador werden von Maya-Königen und Adelshäusern regiert und bewirtschaftet. Insgesamt bilden rund 60 Klein-

staaten ein Kondominium, das in der Geistes- und Kultur-
geschichte einmalig ist. Innerhalb weniger Jahrhunderte
entwickelt sich hier – weitab der asiatischen und europäischen Kontinente – eine Hochkultur, deren Leistungen wir
erst in den vergangenen Jahrzehnten zu erfassen beginnen.

Die Landschaft ist vielfältig. Zwar verhüllt dichter, tropi-
scher Regenwald weite Landstriche, doch das Klima ist
gemäßigt, die Temperaturen erreichen selten Werte über
30 und unter 20 Grad Celsius. Die Niederschläge verteilen
sich sehr ungleichmäßig über das Jahr. Das ist insbesondere
bei den Kalkböden des Tieflandes problematisch, weil sie
porös und durchlässig sind, so dass das Oberflächenwasser
sofort versickert. Große Teile des Hochlandes sind tekto-
nisch aktiv. Erdbeben und Vulkanausbrüche lassen die
Natur unberechenbar und bedrohlich erscheinen. Die
fruchtbarsten Teile des Maya-Landes liegen zwischen dem
pazifischen Ozean und dem vulkanischen Hochland. Hier
erkennen wir einen etwa 100 Kilometer breiten Küsten-
streifen, gut getränkt vom warmen Regen und deshalb mit
ertragreichen Böden.

Hören wir, was Bartholomé de Las Casas, aus Spanien nach
Chiapas entsandter Dominikanerpater, präziser Berichter-
statter und unerbittlicher Kritiker der Gräueltaten seiner
Landsleute, über das Land der Maya zu erzählen weiß – so,
wie es die Conquistadores im Jahr 1526 vorgefunden
haben: „Das Königreich Yucatán ist voller Leut' gewesen,
dann es ist durchaus ein gesund' Land und viel reicher an

Proviant und Früchten als Mexico. Sonderlich hat es viel Honig und Wachs darinnen als sonst an einem Ort gesehen worden ist. Es hat auf 300 Meilen im Umfang. Die Anwohner dieses Landes übertreffen alle anderen Indianer, was Verstand und Tugend, auch eingezogenes Leben anlangen thut." (Las Casas, de B., 1665/1970, S. 48)

Um das Jahr 800 n. Chr. umfasst das Volk der Maya etwa zwölf Millionen Menschen. Sie sind klein vom Wuchs, im Durchschnitt etwa 1,55 Meter, gedrungen und kräftig, haben tätowierte Körper und durchbohrte Ohrläppchen und Nasenscheidewände. Das lange, glänzende Haar von Männern und Frauen ist zusammengebunden, kompliziertere Frisuren sehen wir nur bei den Adligen. Sie tragen einen gewebten Lendenschurz und darüber einen Poncho, die Frauen ein Hemd und darunter einen Rock, der bei den adligen Frauen mit Fransen verziert ist. Obwohl weit verstreut, verstehen sie einander. Ihre Sprachen haben ein gemeinsames Grundmuster. (Hagen, D.W. von, 1976, S. 133ff.)

Zu den herausragenden Entwicklungen der Maya gehören eine Schrift, aus der auch abstrakte Zusammenhänge deutlich werden, und ein sorgsam geführter Kalender mit wiederkehrenden Zyklen. Die chronologischen Aufzeichnungen erlauben uns, beliebige Zeiträume über Jahre hinweg, ja sogar einzelne Tage genau zu bezeichnen.

Historische Einordnung

Dank dieses Kalenders und dank modernster archäologischer Datierungsmethoden ist es möglich, die Entwicklung
der Maya-Kultur seit ihrem Anbeginn historisch exakt
einzuordnen. Dabei unterscheidet die Forschung drei große
Perioden: die Vorklassische, die Klassische und die Nachklassische Zeit.

Die Vorklassische Zeit

Grundsätzlich gehen die meisten Historiker davon aus,
dass die Vorfahren der Maya wie alle indigenen, also einge-
borenen und dort vor der Kolonialisierung lebenden amerikanischen Völker vor Jahrtausenden über eine zwischen
Asien und Amerika bestehende Landbrücke eingewandert
sind. Durch Wanderbewegungen, Verdrängung und Land-
flucht in Folge von Naturkatastrophen haben sich die Menschen über den Kontinent verteilt. Die frühesten Funde aus
der Zeit der Geburt der Maya-Kultur werden auf ungefähr
2000 v. Chr. datiert (andere Forscher sprechen vom Jahr
1200 v. Chr.) und stammen aus Cuello. Es ist davon auszugehen, dass die Maya damals sesshaft waren und schon in
dieser frühen Zeit Ackerbau und eventuell auch in kleinem
Rahmen Nutztierhaltung entwickelt hatten. „Bis etwa
1500 vor Christus bildeten die Ur-Maya im Hochland der
Cuchumatanes in Guatemala eine homogene kleine Gruppe, die angrenzenden Gebiete waren damals noch von ande-

ren Indianern, zum Teil Jägern und Sammlern, zum Teil bereits Sesshaften, besiedelt." (Riese, B., 1995, S. 23)

Gegen 1500 v. Chr. spaltet sich eine kleine Gruppe dieser Ur-Maya-Gemeinschaft ab und besiedelt die Halbinsel Yukatán. Aus diesem Nukleus entwickelt sich ein bedeutender Teil der Hochkultur. Noch heute leben viele Nachfahren dieser Ur-Maya als Mayat'an („Die Sprache der Maya Sprechenden") in dieser Region; sie nennen sich Yucatecos oder Mayas. Eine weitere Gruppe zieht nach Norden bis an die Grenze zu den heutigen mexikanischen Bundesstaaten Tamaulipas und Veracruz. Aus ihr entstammen die sogenannten Huaxteken. Sie verlieren den Anschluss an die Herkunftsgruppe und damit auch an die kulturelle Entwicklung.

Bis zur Mitte des letzten vorchristlichen Jahrtausends besiedeln die Maya auch die Urwaldzone am Abhang der Kordilleren, die sich von den Boden-, Landschafts- und Wetterbedingungen her am schlechtesten für eine ausgedehnte und intensive Landwirtschaft eignet. Bis etwa 500 v. Chr. hat sich ihr Einflussbereich auf das Gebiet ausgeweitet, das sie für die kommenden zwei Jahrtausende beherrschen sollen und in dem noch heute viele Maya-Abstämmige leben.

Schon in dieser Frühphase erbringen die Maya erstaunliche Kultur- und Wissenschaftsleistungen. „In der späten Mittelpräklassik gewann die Maya-Gesellschaft an Komplexität und hierarchischer Gliederung", schreibt der amerikanische Archäologe Richard P. Hansen. „Ablesbar ist diese Entwicklung unter anderem an der Architektur. Größe und Form der für Bauwerke verwendeten Kalksteinblöcke änderten sich erheblich, denn man verwendete nun sorgfältig geschnittene, bis zu 90 Zentimeter hohe Quader. Es wurde vermehrt Kalk gebrannt und zur Verkleidung und Verzierung von Bauten verwendet." (Hansen, R. P., 2006/2007, S. 63)

Um 500 v. Chr. entsteht die Schrift und mit ihr die Wissenschaft bei den Maya. Und sie werden sich ihrer selbst in der Zeit bewusst. Stelen und Gebäude werden nun mit Stuck und Bildsprache verziert. „Während Flachreliefs offenbar bereits in der Späten Mittelpräklassik auftauchten, entwickelte sich monumentale Bauplastik erst in der Späten Präklassik zum vorherrschenden Medium, um Macht und Autorität auszudrücken." (Hansen, R. P., 2006/2007, S. 60) Bis zu vier Meter hohe Göttermasken zeugen von der Kunstfertigkeit und den logistischen Fähigkeiten dieser Epoche. Sie werden mit Tonschlamm in roter, schwarzer und beiger Farbe bemalt und verziert.

Abbildung 1: Stuckmaske aus Lamanai in Belize (Foto Jens Rohark)

In der Späten Präklassik entwickelte sich die Bevölkerung in rasantem Tempo. Die Städte stoßen an ihre Grenzen. Der Siedlungsraum ist so begrenzt, dass sich die Wohngebiete bis in die periodisch auftretenden Sümpfe rings um die Hauptzentren erstrecken. „Die wirtschaftliche und politische Blüte dieser Zeit verlangte den Um- oder Neubau gewaltiger Dämme durch die Sumpfniederungen, um direkte Transport- und Fußwege innerhalb der einzelnen Orte sowie auch zwischen den Stätten zu schaffen." (Hansen, R. P., 2006/2007, S. 62) Hierfür ist ein enormer logistischer und personeller Aufwand notwendig. Allein der El-Tigre-Komplex in El Mirador ist zum Beispiel mit 428.680 Kubikmeter Masse angefüllt, was bei den damaligen Möglichkeiten eine Arbeitsleistung von fünf Millionen menschlichen Arbeitstagen allein für den Transport erfordert. (Hansen, R. P., 2006/2007, S. 62)

Zwischen den Städten werden eifrig Wissen und Know-how über Handwerk und kulturelles Leben ausgetauscht. Ersichtlich wird das zum Beispiel daran, dass die vorherrschenden Keramiken – die sogenannten Chicanel-Keramiken – zu dieser Zeit im gesamten Tiefland auf ähnliche Art und Weise hergestellt werden.

Um die Zeit Christi Geburt herum werden viele präklassische Städte aufgegeben und von ihren Bewohnern verlassen. Forscher vermuten dahinter kriegerische Überfälle von außen, davon zeugen vielerorts Verteidigungsanlagen sowie Brand- und Kriegsspuren. Bei Ausgrabungen auf dem Gipfel der Tigre Pyramide in El Mirador wurden zahlreiche Projektilspitzen und prismenförmige Klingen aus Feuerstein und Obsidian entdeckt.

Es gibt aber auch eine andere, modernere Theorie, die unter anderen von Richard Hansen gestützt wird. In den Jahrzehnten nach der Zeitenwende ist das Becken mit der Stadt El Mirador im Zentrum ein gewaltiger urbaner Komplex, der zahlreiche große Ortschaften umfasst. Er wurde nachweislich um das Jahr 150 n. Chr. aufgegeben. Der Grund, so vermutet Hansen, könnte eine ökologische Katastrophe aufgrund zu starker Abholzung gewesen sein. „Our analysis of the walls in El Mirador indicates that, initially, the layers of stucco weren't very thick, about two centimeters. But as time went on, the Mayas increased the thickness up to 20, 30 centimeters. To prepare that amount of stucco they had to burn a lot of green wood. To cover just one pyramid with stucco, they would have needed to cut down every tree in an area of 6.5 square kilometers. The resulting deforestation, also aggravated by the agricultural needs of feeding a population of hundreds of thousands of people, led to the erosion and depletion of the soil, which at some point forced the Mayas to abandon their cities and emigrate." (Hansen, R., 2011)

Die Klassische Zeit

Zwischen 200 n. Chr. und 900 n. Chr. gelangen die Maya als Hochkultur zu ihrer großen Blüte. Fernab jeder europäisch oder asiatisch zivilisierten Tradition und unter schwierigen geologischen Umständen – es gibt in weiten Teilen des Landes keine Flüsse, keine nennenswerten Metallvorkommen, keine siedlungsfreundlichen Umweltbedingungen – erzeugt dieses kleine Volk auf vergleichbar geringer Fläche eine kulturelle Höhe und Vielfalt, die den zeitgleich existierenden Kulturen in Rom, in China, im maurischen Spanien oder in Persien in nichts nachsteht. Orte wie Tikal, Yaxchilán und Palenque werden aufgebaut und werden zu selbständigen Metropolen ausgebaut. Es entstehen wirtschaftlich und politisch eng miteinander verwobene Kleinstaaten mit Prunk- und Sakralbauten, die allerdings, wie später zu zeigen sein wird, einer gebildeten Herrscherklasse vorbehalten waren.

Allein die Größe dieser Städte spricht für die hervorragenden Organisationsfähigkeiten der Maya. Mit mehreren Zehntausend Einwohnern (bis zu einhunderttausend in Tikal oder

Caracol) sind sie deutlich größer als die europäischen Städte zur gleichen Zeit. Zu den Maya-Zentren der Klassik gehören neben Tikal und Caracol auch Calakmul, Etzná, Yaxhá, Xunantunich, Lamanai, Lubaantun, Copán, Quirguá, Dos Pilas, Seibal, Cancuén, Nakum, Naranjo, Palenque, Toniná, Piedras Negras, Rio Azul, Yaxchilán und Bonampak. Funde aus der Spätklassik wie auch der Zeit seit der Späten Präklassik geben in der Höhle Actun Tunichil Muknal in Belize ein deutliches Zeugnis davon. Neben Skelettresten werden auch Keramiken und Steinwerkzeug gefunden.

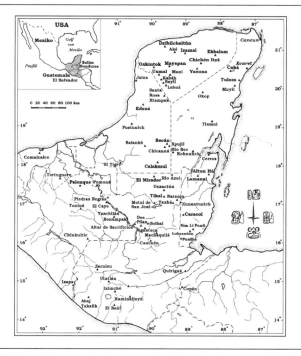

Abbildung 2: Das von den Maya besiedelte Gebiet (Zeichnung Jens Rohark)

Die landwirtschaftliche Nutzung sowohl der Städte als auch des Umlandes erreicht eine bis dahin nicht gekannte Effizienz und Effektivität. Neben Mais, Bohnen und Kürbis bauen die Maya Süßkartoffeln, Yucca, Kakao, Zapote, Avocado, Ramón-Nuss, Tomate, Chili und vieles andere an.

Die politische Landschaft ist geprägt von einzelnen Stadtstaaten, die ähnlich den europäischen Königshäusern durch Diplomatie, Verwandtschaftsbeziehungen (Heirat) sowie rituelles und kriegerisches Kräftemessen in einem ständigen Wettbewerb stehen. Religion, Mythos, Kult, Schriftkultur und Architektur erreichen ihre höchste Blüte. Der größte Teil der noch heute existierenden Artefakte und Gebäude der Maya stammt aus dieser Epoche. Wissenschaftliche Höchstleistungen, deren Bedeutung wir erst allmählich zu verstehen beginnen, prägen die Kultur und das Leben der Eliten. Die Weitergabe von Wissen und Fähigkeiten innerhalb der Herrscherklasse wird zur entscheidenden Voraussetzung für Machterwerb und Machterhalt. Denn die stetig wachsende Bevölkerung stellt immer größer werdende Anforderungen an Logistik, Organisation und landwirtschaftliche Produktionsmethodik.

„Wir erkennen das vor allem am Anwachsen einiger Städte. Während der äußerste Norden Yukatáns ziemlich isoliert und eigenständig blieb und das südliche Grenzgebiet vielleicht durch Konflikte kriegerischer Art bewegt war, so beobachten wir an der Ostküste

Yukatáns intensive Handelskontakte zum südlichen Tiefland. Hier, an der karibischen See, setzte sich eine handelsorientierte und damit weltoffene Lebensform durch, die von nun an in allen Epochen der weiteren Entwicklung erkennbar blieb." (Riese, B., 1995, S. 40)

Die Nachklassische Zeit

Als Nachklassische Zeit wird die Spanne zwischen dem plötzlichen Verschwinden eines großen Teils der Maya-Bevölkerung und dem Verlassen vieler Städte bis zur Entdeckung und Eroberung durch die europäische Welt bezeichnet. Zwischen 800 und 900 n. Chr. werden zahlreiche Maya-Städte aufgegeben. Die verbleibende Bevölkerung, zu der auch Teile der Bildungselite und des Adels gehören, verändert das urbane Gesicht. Späte Maya-Städte weisen deutlich weniger Sakral- und Königsbauten auf, dafür mehr Verwaltungs- und Bürgerhäuser.

Wie und warum es zu dieser Wandlung der präkolumbischen Hochkultur kam, ist bisher nicht hinreichend erforscht. Früher ging die Wissenschaft von zwei konkurrierenden Erklärungsmodellen aus. Die ökologischen Erklärungsmodelle nahmen an, dass sich das Verhältnis von Mensch und Umwelt bei den Maya der Postklassischen Zeit deutlich verschlechtert hat. Die nicht-ökologischen Erklärungsmodelle vermuteten, dass Invasionen, Katastrophen oder Epidemien das Maya-Gebiet heimge-

sucht haben. Als weiterer nicht-ökologischer Erklärungs-
ansatz wurde das Entstehen eines Machtvakuums durch
das Ende der Metropole Teotihuacán in Zentralmexiko
diskutiert, das von den rivalisierenden Stadtstaaten nicht
ausgefüllt werden konnte.

Allerdings scheint sich in jüngster Zeit die Frage zu klären,
warum die Maya untergegangen sind. Die Übervölkerung
führte zur verstärkten Anfälligkeit der Gesellschaft und
wurde zum Katalysator des Unterganges, indem sie negati-
ve Einflüsse potenzierte. Das fruchtbare Ackerland wurde
knapp, das Mikroklima im näheren Umkreis der Städte
veränderte sich, nahegelegene Sumpfgebiete, die zum Mais-
anbau dienten, vertrockneten, die Transportwege wurden
immer länger, der Bauwahn verlangte immer größere Tri-
butleistungen der Bevölkerung, der prozentuale Anteil der
Adelsschicht wurde immer größer.

In der Späten Klassik kämpft man fortwährend um Ressourcen und politische Einflussnahme, was sich in der Auf-
zeichnung von immer mehr Schlachten niederschlägt. Die
Prunksucht der Adligen führt zu Unruhen in der Bevölkerung, und das wachsende Unvermögen der Aristokratie, der
ökologischen Katastrophe Einhalt zu gebieten, führt zum
Vertrauensverlust. Das Erstarken der Händler weckt Machtkämpfe innerhalb der Adelsgruppen. Der niedere Adel
ringt der Königsfamilie immer mehr Privilegien ab, was
man anhand der Hieroglyphentexte nachweisen kann. Die
ehemals als göttlich empfundene Hieroglyphenschrift, die

ein ausschließliches Privileg der Königsfamilie war, wird nun auch von rangniederen, aber ökonomisch und politisch einflussreichen Adligen benutzt. Neue Ämter werden geschaffen, um rangniedere Adlige zu beschwichtigen, und sie werden in wichtigen Hieroglyphentexten erwähnt, zum Beispiel als Kriegsherren.

Die Lebensbedingungen der arbeitenden Bevölkerung werden unerträglich, es kommt zu offenen Revolten. In Cancuén werden an einem Tag alle Mitglieder der Königsfamilie in ein Wasserreservoir getrieben und getötet. In Bonampak dringen die Bauern in das Zentrum ein und zerhacken mit Steinen die auf den Wandmalereien dargestellten Gesichter der Adligen. In Xunantunich lassen die Adligen eine Mauer direkt im Zentrum erbauen, um sich gegen die Bauern zu schützen. Die Machtkämpfe der Adligen verschiedener Stadtstaaten führen zu direkten Angriffen auf die Städte, so dass Ortschaften wie Dos Pilas aufgegeben werden müssen. Der König von Dos Pilas flüchtet in einen Ort, der auf einem hohen Felsen liegt, und gründet dort die neue Stadt Aguateca.

Ab etwa 820 tritt eine stärkere Dürreperiode auf, die von vielen Städten nicht verkraftet werden kann. Der Fall einiger Städte führt zu einem Flächenbrand an Vertrauensverlust gegen die Elite. Die Infrastruktur vieler Städte erleidet einen Kollaps, Unterernährung und Aufstände sind die Folge und besiegeln das Ende der klassischen Maya-Kultur.

„Auf alle Fälle muss man den Prozess des Niedergangs der klassischen Epoche als ein dynamisches und komplexes Netzwerk von Beziehungen verschiedener Elemente und Entwicklungen sehen und dabei beachten, dass die maßgeblichen Faktoren nicht überall direkte Wirkung entfalteten, ihre Vernetzung und die rückgekoppelten Beziehungen jedoch überall zur Verstärkung von zerstörerischen Tendenzen führten, so dass schädliche Wirkungen, die allein betrachtet und unter anderen Begleitumständen von der Gesellschaft ohne größeren Schaden überstanden worden wären, fatale Ausmaße erreichten." (Riese, B., 1995, S. 108)

Aufbau und Errungenschaften der Maya-Gesellschaft

Die Gesellschaft der klassischen Maya ist hierarchisch aufgebaut und strukturiert. An ihrer Spitze steht ein König als gleichsam göttliches Wesen. Seine Macht wird auf seine Nachfolger vererbt. Der König verkörpert für das Volk die Verbindung zwischen der Menschenwelt und der Götterwelt. Seine Aufgabe ist es, mit den entsprechenden Ritualen für das Wohlergehen seiner Untertanen zu sorgen, indem er den Kontakt zu den Ahnen und Göttern aufrechterhält. Das erreicht er unter anderem, indem er sich selbst kasteit und sein Blut vergießt („Blutlassritual"). Darüber später mehr.

Adel und Landadel

Der Adel bildet eine genealogisch verwandte und verschwägerte, maßgebende politische und gesellschaftliche Schicht, die wesentlich über die Geschicke einer Stadt – des Zentrums eines Stadtstaates – bestimmt. Die Zugehörigkeit wird durch Geburt oder Einheirat festgelegt. Der König bestimmt über den gesamten Stadtstaat, in manchen Fällen auch darüber hinaus, zum Beispiel, wenn er Handelswege kontrollieren oder, wie die Könige von Calakmul, Einfluss auf die dortige Herrschaftsnachfolge nehmen will.

Bildungselite

Zur Bildungselite gehören die Angehörigen des Königsadels und des mittleren Adels, der weltlichen und religiösen Verwaltung, Händler, Heerführer, Tempeldiener, Priester, Buchhalter, Steuereinnehmer, Lehrer, Hofchronisten, Schreiber und Kalenderpriester. Sie durchlaufen eine Ausbildung und bilden anschließend selbst aus. Es ist davon auszugehen, dass sie des Lesens und Schreibens mächtig sind und über tiefere Kenntnisse der Mythologie verfügen als Bauern und Handwerker.

Handwerker

Qualifizierte Handwerker wie Maler, Steinmetze, Landschaftsbauer, Architekten, Baumeister, Stuckateure, Schmuck- und

Kleidermacher haben einen höheren Stellenwert in der Gesellschaft als einfache Bauern. Auch sie sind teilweise in der Lage, zu schreiben und zu lesen, und sie geben ihr berufliches Wissen innerhalb der Familie an ihre Kinder weiter. Die Kinder ergreifen regelmäßig den Beruf des Vaters beziehungsweise bereiten sich nach Anleitung durch die Mutter auf die Aufgaben der Hausfrau vor.

Bauern als Basis

Mit einem ausgeklügelten Bewässerungs- und Düngungssystem sowie einer sinnvollen Fruchtfolge gewinnen die Bauern den teilweise kargen Böden optimale Ernten ab. Sie reichen aus, um die Stadtbewohner und sich selbst zu ernähren. Die Felder sind – je nach Landschaft – terrassenförmig oder in Hochäckern angelegt und werden oft durch Brandrodung urbar gemacht und gedüngt. Durch Wanderfeldbau erreichen die Bauern eine optimale Nutzung der Böden bei gleichzeitiger Schonung, so dass langfristig Ernten eingefahren werden können.

Schrift und Zahlen – Grundlage der Wissenschaft

Als erstes – manche behaupten: als einziges – indigenes amerikanisches Volk haben die Vorläufer der Maya, die Olmeken, eine voll ausgebildete Schrift entwickelt, mit der sich auch komplexe Zusammenhänge darstellen und erzählen lassen. Wenn man Olmeken- und Maya-Schrift vergleicht, ist auf den ersten Blick keine große Übereinstimmung feststellbar. Eine genauere Untersuchung zeigt aber, dass die frühen Maya die Olmekenschrift zweifellos sehr gut kannten.

Leider wurden nahezu alle brennbaren Artefakte während der Conquista vernichtet, so dass die Forschung zur Entzifferung auf Wandmalereien, Stelen und in Stein gemeißelte Zeugnisse angewiesen ist. Als logosyllabische Schrift setzt sich die Maya-Schrift aus Logogrammen (Wortzeichen) und Silbenzeichen zusammen. Alle Zeichen können auch getrennt voneinander stehen und sind frei kombinierbar: Man kann einen Begriff nur mit einem Logogramm darstellen oder nur mit Silbenzeichen oder als Kombination von Wort- und Silbenzeichen. Von allen Bestandteilen der Schrift gibt es verschiedene Varianten, so dass der Schreiber seinem ästhetischen Empfinden gemäß kombinieren kann. Schrift ist also nicht bloß Mittel zum Zweck, sondern immer auch eigenständiger künstlerischer Ausdruck.

„Das verwendete System ist so einheitlich, dass ein heutiger Forscher kaum Schwierigkeiten hat, Texte beliebiger Herkunft zu lesen, wenn er an einem lokalen Textkorpus die Regeln des Maya-Schriftsystems erlernt hat." (Riese, B., 1995, S. 31)

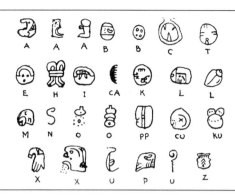

Abbildung 3: Diego de Landas sogenanntes Landa-Alphabet

Der Gebrauch dieser Schrift ist bis zur Zeit der Eroberung Lateinamerikas dokumentiert. Sie hat sich also über einen Zeitraum von 2.000 Jahren entwickelt und erhalten. „Maya-Hieroglyphen haben einen hohen Grad von Standardisierung und Abstraktion erreicht (...) Hieroglyphische Texte der Maya Schrift sind außerdem sehr kompakt in Zeilen und Spalten geschrieben und oft völlig losgelöst von erläuternder bildlicher Darstellung." (Riese, B., 1995, S. 35)

Bis zum Beginn des 16. Jahrhunderts töteten die spanischen Eroberer nicht nur rund zwölf Millionen Menschen in Mittelamerika, wie der Zeitzeuge Bartholomé de Las Casas in seinem aus 1665 datierenden Tagebuch berichtet (Las Casas, de, B., 1665/1970, S. 37 ff.), sondern sie zerstören auch nahezu alle brennbaren Zeugnisse der indianischen Geisteskultur. Schriftkundige Angehörige des Maya-Adels werden in Klöstern umerzogen, der Gebrauch der Schrift wird bei Todesstrafe verboten. „Wir fanden bei ihnen eine große Zahl von Büchern mit diesen Buchstaben, und weil sie nichts enthielten, was von Aberglauben und den Täuschungen des Teufels frei wäre, verbrannten wir sie alle, was die Indios zutiefst bedauerten und beklagten", berichtet der spanische Chronist und Bischof Diego de Landa (de Landa, D., 1566/2010, S. 135). Binnen weniger Jahre verschwinden so Gebrauch und Kenntnis der Hieroglyphenschrift. Wie hoch der Stellenwert von Schrift und Zeichen für die Maya war, lässt sich am Erstaunen erfassen, das den Franziskaner Fray Andres de Avendaño y Loyola ergriff, als er 1696 die Itzaj-Maya besuchte und feststellte, wie wichtig für die Maya von Noj Peten, der Hauptstadt der Itzaj, Schrift und Bücher waren (Grube, N., 2006/2007, S. 115).

Nur vier Handschriften der Maya haben den Feldzug der Spanier überlebt. Sie bestehen aus einem Papier, das aus der Rinde des Ficus Cotinifolia, eines Feigenbaumes, gewonnen wird. Hierfür werden Baumfasern mit Stärke vermischt, zu flachen Streifen verarbeitet und hernach mit Kalk geweißt. Die Fasern, also der innere Bast, werden gewässert, dann geklopft, bis sie sich verfilzen. So werden Blätter hergestellt, die zu Streifen geschnitten und miteinander verklebt werden. Der Leim wurde aus Orchideenknollen hergestellt. Geschrieben wird mit winzigen Pinseln und Federn. Die Papierstreifen sind oft viele Meter lang und lassen sich ziehharmonikaartig zusammenfalten oder werden zu Leporellos zusammengefasst, so dass sich beliebig viele Seiten aufklappen und nebeneinanderlegen lassen.

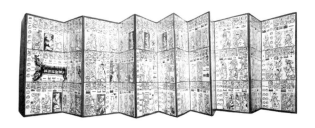

Abbildung 4: Maya-Code (Reproduktion Jens Rohark)

Die erhaltenen Schriften sind nach ihrem Aufbewahrungsort benannt. Der Dresdner Codex gilt dabei als die schönste der Maya-Handschriften. Er hat ausschließlich religiöse, rituelle und astronomische Inhalte. Am umfangreichsten ist der sogenannte Madrider Codex mit 112 Seiten, dessen Thematik deutlich pragmatischer angelegt ist und Rituale für die erfolgreiche Bienenzucht, Aussaatmethoden sowie lange Kapitel über den Regengott und seinen Einfluss auf das landwirtschaftliche Jahr enthält. Einige Passagen der Madrider Handschrift ähneln dem Dresdner Codex, so dass davon auszugehen ist, dass das in den Büchern festgehaltene Wissen kanonisiert und paradigmatisch festgelegt ist. Die Pariser Nationalbibliothek ist Aufbewahrungsort des Pariser Codex, der mit 22 Seiten relativ kurz und nur in Teilen lesbar ist. Er enthält Prophezeiungen, die auf die K'atun-Zyklen des Maya-Kalenders zurückgehen, eine Beschreibung der Erschaffung der Erde sowie des 13 Sternbilder umfassenden Tierkreises der Maya. Ein vierter Codex, der nur aus zehn Seiten besteht, wurde erst 1971 in Mexiko entdeckt und wird von einigen Fachleuten für eine Fälschung gehalten.

Sicher scheint zu sein, dass das Rindenpapier aus vorspanischer Zeit stammt. Dieser nach seinem ersten Ausstellungsort benannte Codex Grolier enthält einen Venuskalender.

Auch Zahlen lassen sich mit den Mitteln der Maya-Schrift einfach und genau darstellen. Ihre Mathematik beruht auf einem Vigesimalsystem, das heißt, alle Berechnungen erfolgen in Zwanzigereinheiten. Der Eigenwert jeder Zahl im Vigesimalsystem drückt sich durch die Ziffern 0 bis 19 aus. Zu deren Darstellung benötigen die Maya nur drei Zeichen: Muschel (oder Schnecke), Punkt und Strich.

Durch die Kombination dieser drei Zeichen sowie durch die Benutzung des Stellenwertsystems waren die Maya-Schreiber in der Lage, jede natürliche Zahl, gleichgültig, welche Größe, auszudrücken.

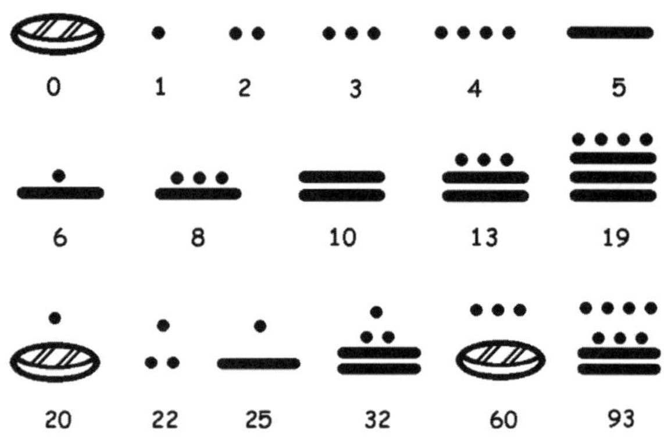

Abbildung 5: Das Zahlensystem der Maya (Zeichnung Jens Rohark)

Ebenso wie bei den Schriftzeichen gibt es auch bei den Zahlen bildhaftere Darstellungsalternativen. So wird zum Beispiel die Zahl 9 (im yukatekischen Maya *bolon*) auch durch einen Kopf dargestellt, dessen untere Gesichtshälfte von Jaguarflecken bedeckt wird. „Die Art, Zahlen zu schreiben, ist aber mehr als eine grafische und lautliche Spielerei. Sie deutet auf einen fundamentalen Aspekt des Weltbildes der Maya hin: Zahlen und Zeit waren keine abstrakten Größen, sondern belebt. Sie waren Götter, die in verschiedener Weise in Beziehung zueinander standen und das Leben der Menschen durch ihre guten und bösen Charaktereigenschaften beeinflussten." (Voss, A. W., 2006/2007, S. 133)

Abbildung 6: Darstellung der Zahl 9 in der Maya-Zahlenschrift (Zeichnung Jens Rohark)

Astronomie und Mathematik

Eng an diesen Stellenwert der Zahlen gekoppelt ist die Bedeutung von Astronomie, Mathematik und Kalenderkunde. All diese Bereiche sind bei den Maya nie nur reine Wissenschaft, sondern immer auch Mythologie und Lebenshilfe und damit wichtige Bestandteile der wissenschaftlichen Ausbildung der Maya-Elite.

Zeitabschnitte sind bei den Maya keine theoretischen Konstrukte, die in erster Linie praktischen Gesichtspunkten dienen, sondern lebendige Wesen. In ihnen spiegelt sich eine kosmische Welt, die mit der irdischen eng verwoben ist. Diese Welt muss immer mitgedacht werden, nicht nur bei wichtigen Entscheidungen und Regierungsgeschäften, sondern auch bei ganz alltäglichen Aufgaben, bei der Bewirtschaftung der Äcker, bei der Ernte, bei der Verarbeitung von Nahrungsmitteln und bei kultischen Verrichtungen.

Zur Zeiteinteilung der Maya gehören verschiedene Kalendarien, die parallel verlaufen und deren Beziehung untereinander ausschlaggebend ist für die Gestaltung von rituellem und alltäglichem Leben. Mit bloßem Auge führen die Maya auf extra dafür errichteten Gebäuden Himmelsbeobachtungen durch und leiten daraus Zyklen für den Verlauf der Tage, Monate und Jahre ab. Auf dieser Grundlage berechnen sie Tagereihen von besonderer Bedeutung, die sich wiederholen und miteinander verzahnt sind.

Der Ritualkalender Tzolk'in

Aus der Multiplikation der Zahl 20 (hier stand aller Wahrscheinlichkeit nach die Anzahl der menschlichen Finger und Zehen Pate) mit der heiligen Zahl 13 ergibt sich ein Zyklus von 260 Tagen, der den Rahmen für alle rituellen Handlungen der Maya liefert.

Jeder Tagesname des Tzolk'in-Zyklus setzt sich aus einer Zahl zwischen 1 und 13 sowie einem von 20 Tageszeichen zusammen. Zum Beispiel kann ein Tzolk'in-Tag „6 Ajaw" heißen, also „6 König". „Die Bedeutung des rituellen Kalenders lag in den schicksalsbestimmenden Eigenschaften jedes einzelnen Tages begründet. So war jedem Tageszeichen des Tzolk'in ein übernatürliches Wesen zugeordnet, welches das Lebensschicksal jedes Menschen vom Tage seiner Geburt an bestimmte und nachhaltig beeinflusste." (Voss, A. W., 2006/2007, S.135)

Abbildung 7: Der Tzolk'in-Zyklus (Foto Jens Rohark)

Eine wichtige Funktion für das Alltagsleben der Maya hat der das Sonnenjahr widerspiegelnde Gemeinkalender Haab, der einen Zeitraum von 365 Tagen misst. Analog dem Vigesimalsystem ist dieser Zeitraum in 18 Monate mit jeweils 20 Tagen aufgeteilt, die restlichen fünf Tage werden am Jahresende eingefügt. Als „Schläfer des Jahres" *(u wayeb u hab)* oder „die namenlosen Tage" *(xma k'aba' k'in)* werden ihnen sehr schlechte prognostische Eigenschaften zugesprochen. Jeder Tagesname des Haab-Zyklus setzt sich aus einer Zahl zwischen 0 und 19 sowie einem von 20 Tageszeichen zusammen. Zum Beispiel kann ein Haab-Tag „18 Muwan" heißen, also „18 Eule".

Mit den Zahlenzeichen der Maya lässt sich jeder Tag dieses Jahres genau bezeichnen. Der Haab bestimmte den Verlauf ritueller Handlungen und Feste, die dem Jahresverlauf angepasst waren.

Die Kalenderrunde

Zwar sind Tzolk'in und Haab zwei getrennte Zählsysteme, sie verzahnen sich aber im Alltags-, Ritual- und Glaubensleben der Maya sehr eng. Deswegen werden sie zu einem größeren Zyklus zusammengeschlossen, der gemeinhin als Kalenderrunde bezeichnet wird. Alle 18.980 Tage, also alle 52 Jahre, wiederholt sich die gleiche Kombination des

Tzolk'in-Tages mit dem Haab-Tag, zum Beispiel „6 Ajaw 18 Muwan" oder „4 Ajaw 8 Cumku".

Abbildung 8: Die Kalenderrunde (Reproduktion Jens Rohark)

Die Lange Zählung

Eine hochentwickelte Astronomie ist nicht denkbar ohne eine Chronologie, die über den Zeitraum von 52 Jahren weit hinausgeht. Mit der sogenannten Langen Zählung waren die Maya-Priester in der Lage, Tausende und Abertausende von Jahren exakt zu beschreiben sowie komplizierte Rechnungen durchzuführen. Auch dieser Kalenderzyklus diente religiösen Zwecken, denn mit weitreichenden Berechnungen konnten die Könige ihre göttliche Abstammung von den Göttern legitimieren. So gibt es zum Beispiel einen Text in Palenque, in welchem der Maya-König Seerosen-Papagei festhält, dass er am gleichen Tzolk'in-Tag („9 Seele") gekrönt wurde wie schon 4.000 Jahre vor ihm der Maisgott.

Die Lange Zählung setzt sich zusammen aus der Kalenderrunde mit der Anzahl der Tage, die seit der Erschaffung der Welt (nach Maya-Vorstellung am 13. August 3114 vor Christus) vergangen sind. Diese Zahl wird als fünfstellige Zahl angegeben. Das Datum der Langen Zählung kann zum Beispiel heißen: 9.13.14.17.0. 6 Ajaw 18 Muwan. Dabei drückt die Zahl 9.13.14.17.0. aus, dass seit der Erschaffung der Welt 9 mal 400 Jahre, 13 mal 20 Jahre, 14 Jahre, 17 mal 20 Tage und 0 Tage vergangen sind, was das Datum 11. Dezember 706 nach Christus für den gregorianischen Kalender ergibt.

Abbildung 9: Die Lange Zählung (Zeichnung Jens Rohark)

Weitere Zyklen

Von großem Einfluss sind weiterhin die berechneten Zyklen des Mondes und verschiedener Sterne, darunter vor allem der Venus. Sie alle zu berechnen, zu analysieren und zu interpretieren, erfordert eine große Denk- und Rechenleistung.

Der Kalender bildet eine wichtige Grundlage für das Leben und Denken der Maya und prägt es bis in die untersten Gesellschaftsschichten. Die genaue Analyse und Interpretation seiner komplexen Zusammenhänge ist eigens dafür ausgebildeten Kalenderpriestern *(aj k'inob)* und Wahrsagern vorbehalten, die eine herausragende Stellung haben und ihr Wissen untereinander diskutieren und austauschen. Sie erkennen im Zusammenspiel der astronomischen Phänomene Gesetzmäßigkeiten, denen der Mensch unterworfen ist. Aus ihnen leiten sie Prognosen ab, mit denen sie das Wirken übernatürlicher Kräfte vorhersagen und durch entsprechende Rituale oder Opfer beeinflussen können. „Alle kalendarischen und astronomischen Zyklen und Systeme haben bei den Maya letztlich wahrsagerischen und religiös-spekulativen Zwecken gedient. Es ist nämlich das Bestreben des Kalendergelehrten, die wahrsagerisch bedeutenden Zyklen durch Permutation untereinander und mit historischen Daten zu verknüpfen und dadurch etwas über das Geschick der Klienten, des Herrschers und des eigenen Volkes in Erfahrung zu bringen." (Riese, B., 1995, S. 50)

Die Schreiber

Das Wissen um diese komplexen kalendarischen Zusammenhänge und ihre Bedeutung erfordert jahrelanges Studium. Es ist daher einer Bildungselite vorbehalten, zu der auch die sogenannten Schreiber gehören. Sie spielen eine wichtige Rolle an den Königshöfen, sind sie doch gleichzeitig Priester, Historiker und Künstler. Sie beraten den König und übernehmen wichtige Verwaltungsarbeiten. Durch Inschriften und Abbildungen wissen wir, dass zu den Schreibern auch Frauen gehören. Das Bildungssystem der Maya muss also zumindest in Ausnahmefällen auch adligen Frauen und Mädchen offen gestanden haben.

„Scribal affiliation was an ascribed designation and was fulfilled with years of rigorous intellectual and artistic schooling. The elite Maya scribe went through years of training under a master in which he learned all aspects of his specialized craft and amalgamated the arts and sciences." (Kidder, B.B., 2009, S. 8)

Die rituelle Erhebung der Schreiber und anderer Mitglieder der Elite zu gottähnlichen Wesen erfasst deren ganzen Körper. Durch schmerzhafte Rituale werden sie geläutert und gereinigt, um wahrhaft göttliche Dinge vollbringen zu können. Noch gottähnlicher als die Schreiber sind nur die Könige. Ihre Rolle besteht aber nicht so sehr darin, Wissen anzusammeln und zu interpretieren, als vielmehr darin, durch heilige Riten und Blutopfer in die Welt der Götter einzutreten. „Die Nähe des Königs zu den Göttern verpflichtete ihn, als Vermittler und Fürsprecher der Gemeinschaft vor die Götter zu treten und gleichzeitig deren Botschaft den Menschen nahe zu bringen." (Grube, N., Martin, S., 2006/2007, S. 152).

König und Volk

König und Volk stehen zwar in einer engen hierarchischen Verbindung miteinander, leben aber in getrennten Welten. Die Welt des Königs ist eng mit der der Götter verbunden. Er ist Mittler zwischen der göttlichen und der irdischen Welt. Das Volk verehrt ihn dafür, nährt ihn, zieht für ihn in den Krieg und befolgt seine Regeln. Im Gegenzug ist der König im Krieg besonderen Gefahren ausgesetzt (sein Leib ist die höchste Trophäe des Gegners). Als Stellvertreter kämpft er für sein Volk. Wenn es sein muss, stimmt er die Götter durch eigene Opfer gnädig.

Die Welt der Gottkönige und der einfachen Menschen

Die Gottgleichheit der Könige manifestiert sich in zahlreichen Abbildungen, in denen sie mit Attributen von Göttern dargestellt sind. „In diesen Fällen war es dem Betrachter klar, dass die Könige sich nicht nur verkleideten, sondern dass sie in die Identität des dargestellten Gottes wechselten". (Grube, N., Martin, S., 2006/2007, S. 152) Eine ganz besondere rituelle Rolle spielt das königliche Blutopfer. Männliche Herrscher zapfen sich dafür Blut aus Ohrläppchen, Zunge oder Penis ab, ihre Frauen ziehen ein dornenbewehrtes Seil durch die Zunge. Das so gewonnene königliche Blut wird mit Papierstreifen aufgefangen, die mit geweihtem Rauch verbrannt werden und den Göttern als Nahrung dienen. Häufig werden dadurch (und durch gleichzeitig oder vorab gegebene Drogen) Visionen ausgelöst, die von größter Bedeutung sind.

Auf diese Weise nehmen die Könige Schmerzen auf sich, um Schaden von ihrem Volk abzuwenden. König und Volk bildeten mithin eine symbiotische Gemeinschaft, aus der das ganze Volk Nutzen zieht. Auch darin spiegelt sich die

Grundhaltung der Maya wider, nach der alles mit allem zusammenhängt und verbunden ist – die göttliche wie die irdische Welt. In jedem Teil der irdischen Welt steckt ein Teil der göttlichen Welt und vice versa und nimmt darauf Einfluss.

So wird zum Beispiel auch die Geburt eines Königs mit dem Hervorbrechen des Mais aus der Unterwelt in eine gedanklich spirituelle Verbindung gebracht. Der Tod des Königs entspricht dem Abstieg des Maiskorns in die Unterwelt. „Und so wie ein Maiskorn in der Krume wieder geboren wird, so ersteht auch der verstorbene Regent in seinem Thronfolger wieder auf. Der Zyklus der Maispflanze (...) wurde so zu einer Metapher für den Kreislauf des königlichen Lebens. Die Wurzeln dieser Metapher liegen in der Kultur der einfachen Maisbauern. Sie band auf diese Weise die Gesellschaft der Maya vom untersten bis zum höchsten Glied in einem allen zugänglichen und verständlichen Bild zusammen." (Grube, N., Martin, S., 2006/2007, S. 155)

Der enge Bezug zwischen göttlich-königlicher und All-tagswelt ist fester Bestandteil der Maya-Kultur. Zum Beispiel gehört zum Schöpfungsmythos der gegenwärtigen Welt für sie die Setzung von drei Steinen an einem *na ho chan* („Erster von fünf Himmeln") genannten, mythologi-schen Ort. Sie bilden die Basis für die Entstehung des Himmels und der Erde aus einem Urmeer. Ihre alltägliche Entsprechung finden sie in drei Herdsteinen, die „schon seit Jahrtausenden den Mittelpunkt eines jeden Maya-Hauses bilden. Das Haus gilt den Maya als eine Metapher für das gesamte Universum. So wie die Herdsteine den Mittelpunkt des Hauses bilden, so bilden die drei während der Schöpfung errichteten Steine das Zentrum des Kosmos". (Wagner, E., 2006/2007, S. 283)

Abbildung 10: Die astronomische Widerspiegelung der drei Herdsteine findet man im Sternbild Schildkröte, bei uns als Orion bekannt (Zeichnung Jens Rohark)

Legenden und Königsmythen

Eine der schönsten Maya-Legenden beschreibt die Liebe zwischen Prinz Can Ek (Schlangen-Stern) von Chichén Itzá und Prinzessin Sac Nicté (Weiße Blüte), mit der die Aufgabe der Stadt Chichén Itzá erklärt wird. Can Ek wird dabei als den Göttern besonders nahestehender Mensch eingeführt, der mit dem Universum und der belebten Tierwelt eng verbunden ist. Mit sieben Jahren zerpflückt er einen Schmetterling und träumt danach, er sei eine Raupe; sieben Jahre später erlegt er einen Jaguar und träumt, er sei ein durstiger Jaguar. Der Prinz identifiziert sich mit den Tieren seiner Umwelt und ordnet sich ihren Gefühlen unter. Noch einmal sieben Jahre später verliebt sich Can Ek in Sac Nicte, die aber schon Ulil, dem Prinzen von Uxmal, versprochen ist. Can Ek erscheint nicht als Gast zur Hochzeitszeremonie. Stattdessen mobilisiert er 60 seiner besten Krieger und raubt die Prinzessin. Als Ulil ihn verfolgt, findet er die Stadt Chichén Itzá verlassen vor, denn Can Ek ist mit der Prinzessin und seinem gesamten Volk nach Tayasal geflohen.

Hier zeigt sich zum einen die enge Verbindung von Königshaus und Bevölkerung, zum anderen die idealisierende Identifikation des Königs mit der Natur.

Kosmos, Architektur und Alltagsleben

Die Kosmographie der Maya ist durch Mythenfragmente und auf Abbildungen dargestellte Rituale gut rekonstruierbar. Die Struktur ihres Weltbildes entspricht derjenigen, die der bekannte Religionswissenschaftler Mircea Eliade (1907 bis 1986) in seinen Arbeiten über den Schamanismus entwickelt hat (Eliade, M., 1975). Die Oberfläche der Erde ist als ein Viereck mit klar markiertem Zentrum beschrieben, das auf einem großen Gewässer schwimmt, welches gleichzeitig die Grenze zur Unterwelt bildet. Häufig wird es als Krokodil, Schildkröte oder Nabelschwein dargestellt. Seine Seiten sind nach den vier Himmelsrichtungen ausgerichtet, die Ecken sind durch die Sonnenauf- und -untergangspunkte zur Winter- und Sommersonnenwende gekennzeichnet. Mittig auf jeder Seite steht ein mythischer Berg mit einer Höhle, in deren Eingangsbereich ein Baum steht. Sie sind jeweils Zugang zur Unterwelt und dem darüber vorgestellten mystischen Urmeer, in dem Ahnen und andere übernatürliche Wesen leben.

Nicht nur die Erde, auch der Himmel wird viergeteilt vorgestellt. Er besteht aus mehreren Ebenen und wird von vier Göttern getragen und gehalten. „Diese kosmographischen Vorstellungen sind in ihren Grundzügen bei allen Maya-Gemeinschaften, aber auch bei anderen Völkern Mesoamerikas zu finden und lassen sich bis weit in die präklassische Zeit zurückverfolgen." (Wagner, E., 2006/2007, S. 289) Sie sind wesentlicher Bestandteil der Maya-Kultur und prägen das Volk bis tief in sein Alltagsleben hinein. „Wo immer die Maya Eingriffe in den natürlichen Raum vornahmen, sei es durch die Anlage einer Siedlung, die Errichtung eines Gebäudes, eines Altars oder das Roden des Urwaldes für den Feldbau, bildeten sie das viergeteilte Weltmodell ab. Plätze, Pyramiden, Tempel und Paläste imitierten in symbolischer Form die mythische Landschaft, die von den Göttern am Tage der Schöpfung gestaltet wurde. So wurde dieser mythische Akt jedes Mal, wenn ein Gebäude oder ein Stück Land mit einer Schnur vermessen wurde, wiederholt und bestätigt. Die so angelegte *milpa* (Maisfeld) oder die gesamte Ansiedlung überhaupt, ganz gleich, ob das einfache Haus eines Bauern

Abbildung 11: Kukulkan-Pyramide (El Castello) in Chichén Itzá

oder die Kultbauten eines Stadtzentrums – sie alle sind Modelle des Kosmos." (Wagner, E., 2006/2007, S. 292)

So ist für jeden der in dieser Kultur erzogenen Menschen klar, dass, wo immer diese viergeteilte Struktur auftaucht, etwas Göttliches abgebildet wird, das sich in der gewohnten und sicheren Ordnung befindet. Das galt auch für die Stadtarchitektur. Alle Maya-Städte sind als Abbild des Universums angelegt, um sie als Sitz der politischen und religiösen Macht zu kennzeichnen. Sie sind Symbol der von Göttern geformten und bewohnten Landschaft. Die Anlage einer Maya-Stadt ist ein auf eine horizontale Fläche projiziertes Kosmogramm.

Die Omnipräsenz kosmischer Abbildungen und Strukturen in der Maya-Welt, gepaart mit dem Bewusstsein für zyklische Abläufe, sind Kern sowohl der Alltagswelt als auch der

Mythologie. Sie spiegeln sich besonders in Neujahresriten, wie sie Diego de Landa erlebt und beschreibt. Dazu gehören im Wesentlichen das Aufstellen von Bäumen und Götterbildern und das Setzen von Steinen in den vier Himmelsrichtungen. Alle 819 Tage (das Produkt aus den heiligen Zahlen 7, 9 und 13) wird zum Beispiel eine Figur des Zeptergottes K'awiil aufgestellt. Nach Ablauf dieser Zeit betritt der Gott einen neuen Quadranten und verändert seine Farbe gemäß dem durch mythologische Festlegung bestimmten Farbton der jeweiligen Himmelsrichtung. „Mit der Erschaffung der Welt schufen die Götter also nicht nur die materielle Grundlage für das Sein des Menschen. Die Schöpfung war der Beginn der Zeit und aller Ordnung. Sie war ein Modell für das soziale Zusammenleben. Das Ritual stellte sicher, dass der Mensch das Gleichgewicht der Schöpfung nicht zerstörte, sondern durch symbolische Neuschöpfung und Opfer am Leben erhielt." (Wagner, E. 2006/2007, S. 292)

Diese enge Bindung an Natur und Mythologie zeigt sich nicht nur im Ritualleben der Maya, sondern auch in ganz alltäglichen Vorrichtungen. Ein Bauer, der einen Baum fällt, entschuldigt sich beim Baumgott für diese Tat, denn nach der Vorstellung der Maya ist alles beseelt und belebt, manifestiert sich in jedem Teil der Natur ein göttliches Wesen, das mit allen anderen göttlichen Wesen in enger Verbindung steht und respektiert werden möchte.

Die Umwelt der Maya ist arm an Eisen- und anderen Erzen, insofern kennen die Bewohner des Landes keinerlei Metall. Erst in der Nachklassik wird Kupfer und etwas Gold importiert. Stattdessen verwenden sie Obsidian, ein vulkanisches Glas, das durch die schnelle Abkühlung und Verhärtung siliziumreicher Lava entsteht. Aus ihm fertigen sie Schwerter, Speerspitzen, Dolche und Messer. Die dafür notwendigen Techniken sind einfach und effektiv. Obsidian ist ein wertvolles Handelsgut und kostbar, die daraus gefertigten Werkzeuge werden demgemäß nur von einer kleinen Elite verwendet. Das einfachere Volk ist auf die Verwendung des häufiger vorkommenden, aber brüchigeren Silex (Feuerstein) angewiesen.

Jade ist ein kostbarer Werkstoff für Ritualobjekte, Grabbeigaben und Schmuck. Aus dem Halbedelstein, der noch heute besonders in Guatemala in der Nähe des Rio Motagua gefunden wird, stellen die Maya mit teilweise recht einfachen Werkzeugen kunstvolle Gebilde, Masken, Figuren, Perlen und Gefäße her. Seine Farbe erinnert an das Grün des sprießenden Mais und wird damit in Verbindung gebracht. „Jaden wurden auch als Erbstücke über Generationen weitergegeben und als Besitz der Ahnen verehrt und rituell bestattet." (Wagner, E., 2006/2007, S. 68)

Kein anderes Material, über das die Maya verfügten, ist so langlebig und wiederstandfähig wie Jade. Somit wird es

57

auch häufig im Totenkult als Grabbeigabe verwendet, wenn das Antlitz toter Herrscher mit einer Jademaske bedeckt wird.

Krieg und Machtblöcke

Die lange Zeit vorherrschende Forschungsmeinung, die Maya seien ein friedlicher Völkerbund mit gut organisiertem Ackerbau und der Sternenkunde als Hauptbeschäftigung, musste in den vergangenen Jahrzehnten revidiert werden. Seit der Entzifferung zahlreicher Hieroglyphenschriften weiß man: Zwischen den verschiedenen Stadtstaaten herrscht ein fragiles Gleichgewicht der Kräfte, das durch regelmäßige Angriffe und Gegenangriffe, durch inszenierte Stellvertreterkämpfe (zum Beispiel beim Ballspiel, das hier ganz und gar nicht spielerisch, friedlich und fair ist) und durch politische Diplomatie aufrechterhalten wird. Insbesondere die Städte Tikal und Calakmul bilden dabei verfeindete Blöcke, mit wechselnden Allianzen unter den Nachbarkönigreichen. Aber auch kleinere Könige versuchen permanent, ihre Macht und ihren Einflussbereich auszubauen. Es bildet sich ein komplexes System, das die darin eingebundenen Eliten der Stadtstaaten beeinflussen und prägen.

Immer noch unklar ist, ob die Herrscherhäuser über ein stehendes Heer verfügen. Der Chronist Bartholomé de Las Casas (1665/1970), der sich zum Fürsprecher der gemetzelten Indianer macht, weist wiederholt und mit Bedauern auf das Fehlen einer Verteidigungstruppe hin. Andere Quellen aus der Kolonialzeit sprechen dagegen von einer militärischen Elite, die als Anführer von Truppen von Bauernkriegern fungiert. Aufgrund archäologischer Funde wird vermutet, dass sich Kriegshandlungen auf die Trockenzeit konzentrieren, wenn auf den Äckern weniger Arbeit anfällt. Das bestätigen die Hieroglyphentexte, die ja die Daten für Schlachten und Gefangennahmen angeben. Außerdem ermöglicht die Zeit der Dürre einen einfacheren Truppentransport. Wesentliches Ziel der Kriegsführung ist – besonders bei den Maya der Klassik – die Schwächung des Gegners, nicht aber seine Vernichtung. Der Sieger macht Gefangene und bemüht sich, auch den gegnerischen König in seine Gewalt zu bringen. Gelingt es, wird dieser in einer feierlichen Zeremonie auf den Ballspielplätzen und auf öffentlichen Plazas in der Hauptstadt des Siegers zur Schau gestellt, gedemütigt, gefoltert und meistens geopfert. Diese symbolische Tötung eines Einzelnen anstelle einer Gruppe von Menschen mag das zumindest zu Beginn der Conquista widerstandslose Hinnehmen der spanischen Metzeleien unter der Urbevölkerung erklären. Möglicherweise gingen sie davon aus, dass auch die spanischen Eroberer nach diesem Prinzip handelten.

Es wird vermutet, dass sich die Maya der klassischen Epoche trotz Folter und Ermordung Einzelner an einen gewissen Ehrencodex hielten, so dass die gegnerische Stadt nicht vollständig vernichtet wurde. „Mit Beginn des 9. Jahrhunderts verloren derartige moralische Grundsätze jedoch ihre Verbindlichkeit, und die Maya stürzten in ein endloses Chaos zahlreicher Kriege. Die Phase des Zusammenbruchs der Maya-Gesellschaft mit ihren dramatisch veränderten Lebensumständen (...) war tatsächlich durch ungehemmte Gewalttätigkeit gekennzeichnet." (Martin, S., 2006/2007, S. 175)

Die reifende Gesellschaft der Maya

Nicht wenige Wissenschaftler nehmen an, dass sich die Bevölkerung und insbesondere die Eliten zu irgendeinem Zeitpunkt vom Konzept der ungehinderten Gewaltausübung distanzieren und eine stabile, hochentwickelte, wohlhabende und kultivierte Gesellschaft entfalten, die auf Handel und grenzüberschreitenden Beziehungen beruht.

Dafür spricht unter anderem, dass die großen Kulturleistungen der Maya auch noch zur Zeit der Conquista in vielen Gemeinschaften gepflegt und weitergetragen werden. Andernfalls hätten Schriftzeugnisse auf Rindenpapier, wie sie die Spanier 1561 in großen Mengen verbrannt und vernichtet haben, im tropischen Klima nicht über Jahrhunderte erhalten werden können. Es ist also davon auszugehen, dass alle erhaltenen und vorgefundenen Schriften neueren Datums sind und aus dem 15. und 16. Jahrhundert stammen. Der Dresdener Codex stammt von etwa 1250. Auch das darin erhaltene und wiedergegebene Wissen um Mathematik, Astrologie, Landwirtschaft und Mythologie wird zu diesem Zeitpunkt noch bei einer gebildeten Maya-Schicht existiert haben. (Grube, N., 2006/2007, S. 128f.) Folglich muss es eine Bildungselite geben, die auch nach dem Verfall der Städte und des Reiches weiterexistiert und ihr Wissen tradiert hat.

Mayapan galt lange als Beispiel einer dekadenten Maya-Stadt. Angesichts neuerer Forschungen kommt man von dieser Interpretation allerdings mehr und mehr ab. Zwar sind die in Mayapan ausgegrabenen Gebäude deutlich kleiner als zum Beispiel die von Chichén Itzá, sie erreichen aber dennoch beachtliche Ausmaße. Ob es sich um Paläste, Häuser wohlhabender Mitglieder der Elite oder Sakralbauten handelt, ist allerdings noch nicht in allen Fällen abschließend erforscht. Angesichts der Tatsache, dass andere späte Zentren wie Campeche und Merida vergleichsweise kleiner waren, ist aber davon auszugehen, dass Mayapan hier die Ausnahme von einer Regel darstellt.

„Doch wird inzwischen nach weiteren Forschungen die Maya-Gesellschaft der Späten Postklassik als außerordentlich effizient charakterisiert, wobei die teilweise Reduzierung architektonischer Prachtentfaltung als Ausdruck einer bedeutenden Umorientierung in der politischen und wirtschaftlichen Organisation gesehen wird. Entsprechend dieser Interpretation wurde die soziale Energie in Produktion und Tausch von Waren investiert, und gut entwickelte Marktsysteme förderten eine gerechtere Wirtschaftsbeteiligung aller Mitglieder der Gesellschaft mit der Möglichkeit, Gewinn aus der Arbeitsleistung zu ziehen." (Masson, M., 2006/2007, S. 346) Dementsprechend wäre der Mangel an Prunkbauten ein Zeichen für eine Demokratisierung und zunehmende soziale Gerechtigkeit. „Eine solche Verlagerung lässt sich allgemein bei reifenden Staatswesen der gesamten Weltgeschichte verfolgen und ergibt sich möglicherweise zwangsläufig in der Langzeitentwicklung einer Kultur." (Masson, M., 2006/2007, S. 346)

Die politische Organisation der späten Maya-Städte zur Zeit der Eroberung und Vernichtung durch die Spanier unterscheidet sich wesentlich vom Konzept des alleinherrschenden, charismatischen Gottkönigs früherer Zeiten. So berichten kolonialzeitliche Quellen von der Existenz regionaler Herrscher, die durch einen spezialisierten Beamtenstaab gestützt werden. „Mayapan wurde eine gewisse Zeit durch einen Zusammenschluss mächtiger Dynastien regiert, und es ist bekannt, dass abwandernde Abstammungslinien wie zum Beispiel die der Aj Kanul ihre eigenen Gemeinwesen gründeten. Genau sind die Beziehungen einzelner Persönlichkeiten, die Zugehörigkeit zu diesen Gruppen Blutsverwandter beanspruchten, nicht geklärt. Wahrscheinlich gründeten sie sich auf Abstammung oder Heirat, darüber hinaus jedoch auf wichtige Verbündete." (Masson, M., 2006/2007, S. 346)

Erst seit kurzem beginnt man, die Leistungen der reifen Maya-Gesellschaft zu würdigen. „Die Maya wandten sich einerseits von der Monumentalarchitektur ab und widersetzten sich der Tyrannei ehrgeiziger dynastischer Herrscher, überführten jedoch im Gegenzug ihre Gesellschaft in ein wirtschaftlich blühendes Gemeinwesen, das soziale Unterschiede innerhalb der Gemeinde eher ab- als aufbaute, und sie reinterpretierten ihre historischen Traditionen auf neuartige und zeitgemäße Weise." (Masson, M., 2006/2007, S. 346) Es ist davon auszugehen, dass diese Kulturleistung in erster Linie von der des Lesens und Schreibens und der Mathematik kundigen Elite hervorgebracht wurde, die damit ihre eigene Rolle stärkte und sich von übergeordneten Königen unabhängiger machte.

KAPITEL 3

Regeln und Bräuche

Frühe Meister der Organisation

Alltags-, Festtags- und religiöses Leben der Maya ist von gut durchdachten Strukturen bestimmt, die fest in Religion und Weltanschauung verankert sind. Wesentlicher Teil dieser Weltanschauung ist der feste Glaube daran, dass alle Dinge der äußeren und inneren Welt von Göttern geleitet sind, die ihrem Wesen nach launisch und ungerecht, aber auch gütig und berechenbar sein können. Diese göttliche Ordnung spiegelt sich in allen großen kulturellen und geistigen Leistungen der Maya wider. Schrift und Kalenderkunde, Zahlen, Landschaftsplanung, Straßenbau, Architektur und Mystik dienen allesamt direkt oder indirekt dazu, den Göttern wohlgefällig zu sein, ihre Ansprüche zu befriedigen und damit der Gemeinschaft des Stadtstaates wohlgesonnen zu machen. Die Götter sind anspruchsvoll. Sie verlangen Opfer, die oft schmerzhaft sind, aber wer es schafft, sie für sich einzunehmen, kann sich ihrer Unterstützung sicher sein. Ziel ist es, potentiellen Feinden (und das sind im Prinzip alle anderen Stadtstaaten) überlegen zu sein und trotzdem von deren Reichtum beziehungsweise von deren Rohstoffen und Materialien zu profitieren.

Obwohl auch das Leben und der Alltag des einfachen Volkes von den Göttern und ihren Ansprüchen bestimmt sind, ist der eigentliche religiöse Kult den Eliten vorbehalten. Sie enträtseln als Schriftgelehrte die Zeichen und Botschaften der Götter, sie bestimmen als Kalendergelehrte, wann gesät und wann geerntet wird, wann Feste gefeiert und wann Kriege geführt werden. Als Schreiber haben sie Zugriff auf den tradierten Wissensschatz des Volkes, bestimmen ihn durch eigene Niederschriften mit und schreiben Traditionen fest und fort. Sie tragen die Verantwortung dafür, dass rituelle Handlungen ordnungsgemäß und zur richtigen Zeit durchgeführt werden. Irren sie, können die Konsequenzen für alle verheerend sein.

Männer, Frauen, Kinder – das System bestimmt die Familie

Die Familie als kleinste soziale Einheit spielt bei den Maya eine wichtige Rolle. In ihr spiegelt sich die Organisationsstruktur der Stadt und des Staates wider. Sie ist bestimmt von den Anforderungen der Gesellschaft und gleichzeitig wesentlicher Bestandteil. Dabei muss davon ausgegangen werden, dass es das Konstrukt einer Kindheit – so, wie wir es seit der Industrialisierung kennen – bei den Maya ebenso wenig gibt wie in der ständischen Gesellschaft des Mittelalters (vgl. Ariés, P. 1960/1975); zumindest nicht, was die Aufgabenverteilung angeht. Allerdings schreibt Diego de Landa, dass die Maya ihren Söhnen in Höhe des Scheitels eine kleine Steinkugel ins Haar binden und dass die Mädchen einen Gürtel mit einer Muschel daran um die Lenden tragen (de Landa, D., 1990, S. 72). In einer feierlichen

Zeremonie werden diese Insignien der Kindheit abgenommen. Dieser Ritus bezieht sich allerdings mehr auf die Heiratsfähigkeit und Aufnahme in das kultische Leben der Erwachsenen. Es ist davon auszugehen, dass Kinder – was Feldarbeit, Handwerk oder andere Gewerke der Eltern angeht – ganz selbstverständlich einbezogen wurden und eigene Aufgaben übernahmen. Auf diese Weise lernten sie sehr früh, Verantwortung für die Gemeinschaft zu übernehmen, und erwerben selbstverständlich die in ihrer Familie oder für die ihnen in Zukunft zugedachten Aufgaben benötigten Fertigkeiten. Diese werden zeitlebens erweitert und entwickelt.

Zentraler Punkt eines Maya-Hauses – egal ob adlig, bürgerlich oder bäuerlich – ist der Herd, dessen Mittelpunkt wiederum die sogenannten Herdsteine bilden (vgl. Kapitel 2: Historische Einordnung). Sie sind Abbild des göttlichen Kosmos und dessen Widerspiegelung im Alltag. Wenn sich die Familie zu Mahlzeiten oder zum Wärmen innerhalb der Behausung versammelt, ist in den Herdsteinen und vielen anderen Elementen des Hauses die göttliche Ordnung präsent und erlebbar. Ihr zu entrinnen ist weder möglich, noch gewünscht, noch überhaupt denkbar.

Während Könige und zum Teil auch Adlige vermutlich aus strategischen und politischen Gründen durchaus mehrere Frauen heiraten können, leben die einfachen Maya monogam. Oberhaupt der Familie ist der Vater, der mit seiner

Frau und seinen Kindern in einem Haus, dem sogenannten *solar*, wohnt. Selten umfasst diese Lebensgemeinschaft mehr als zwölf Personen. Wie sich anhand von Grabfunden belegen lässt, liegt die Lebenserwartung des größten Teils der Bevölkerung bei 35 bis 40 Jahren. Insofern sind Mehrgenerationenhaushalte über längere Zeiträume eine Ausnahme, kommen aber vor, wie die archäologisch nachgewiesene Existenz mehrerer Herdstellen in einem *solar* vermuten lässt (vgl. Taladoire, E., 2003/2005, S. 222).

Reichtum ist bei den Maya relativ. Die Grundnahrungsmittel sind für alle Familien gleich – Mais, Bohnen, Kürbis oder Piment –, allerdings ist davon auszugehen, dass den Eliten größere Mengen und raffiniertere Zubereitungen zur Verfügung stehen. Ihre Dominanz macht sich eher an gesellschaftlicher Macht, Art der Arbeit und Verantwortung für die Gesellschaft fest. Auch die Familienstruktur und Aufgabenverteilung ist in den verschiedenen Schichten der Maya-Gesellschaft ähnlich.

Rolle und Aufgaben der Frau

Die gesellschaftlichen Aufgaben von Frauen und Männern sind relativ strikt getrennt. Während Frauen für die Herstellung von Stoffen und Kleidern und teilweise auch von Schmuck zuständig sind und die Zubereitung der Speisen übernehmen, erledigten Männer einen großen Teil der Feldarbeit und die weitaus meisten Handwerke. Auch die

Aufzucht und Betreuung kleiner Kinder liegt in der Obhut von Frauen. Mit zunehmendem Alter werden die Kinder allerdings je nach Geschlecht in die ihnen gemäßen Aufgaben und Arbeiten mit einbezogen und finden so schon sehr früh ihre Aufgabe innerhalb der gesellschaftlichen Organisationsstruktur.

Diese Aufgabenteilung zieht sich durch alle Schichten. Zwar sind aus einigen Abbildungen auch Schreiberinnen und Künstlerinnen bekannt, so dass davon auszugehen ist, dass zumindest adlige Frauen Zugang zur Bildungselite hatten, allerdings bilden sie vermutlich eine Ausnahme. Auch Königinnen werden nur sehr selten als Einzelpersonen dargestellt. Meist werden sie gemeinsam mit dem König gezeigt und unterstützen ihn bei seinen Aufgaben oder bringen ihrerseits Opfer für die Gemeinschaft.

Mächtige Frauen – eine Ausnahmeerscheinung

In seltenen Ausnahmefällen können Frauen auch – zumindest für eine Zeit – die alleinige Macht in einem Stadtstaat übernehmen. Allerdings meist im Rahmen einer strategischen Heiratsdiplomatie. 682 n. Chr. zum Beispiel schickt der damalige Herrscher von Dos Pilas (der zuvor eine Frau aus der Umgebung geheiratet hatte, um seine Macht vor Ort zu festigen) seine Tochter *Wak Chan Ajaw (6 Himmel)* aus zweiter Ehe in die von ihm besiegte, weit entfernte Stadt Naranjo, wo sie eine neue mit der väterlichen Linie verbundene Dynastie aufbauen, einen neuen Stadtstaat begründen und Allianzen schmieden und festigen soll. Sie ist dort nicht nur Staatsoberhaupt, sondern auch oberste Heerführerin.

Hier steht vielleicht die sichere dynastische Verbindung im Vordergrund, und man will auf diese Weise sicherstellen, dass die Blutsverwandtschaft der neuen Dynastie mit der alten gewährleistet ist. Von einem eher bedeutungslosen Adligen, dessen Namen in den Inschriften kaum Erwähnung findet, bekommt Wak Cahn Ajaw einen Sohn, der im Alter von fünf Jahren offiziell die Regentschaft übernimmt. Vermutlich wird er jedoch die wichtigen Entscheidungen noch für eine ganze Weile seiner Mutter und ihren Beratern überlassen haben, wie dies auch in vielen europäischen Fürstenhäusern üblich war, wenn Kinder als Thronfolger eingesetzt wurden. 6 Himmel jedenfalls scheint ihre Sache gut zu machen, denn ihr Sohn regiert über mehrere Jahrzehnte und führt die Stadt in eine Blütezeit. Erst nach seinem Tod verliert Naranjo wieder an Bedeutung, Macht und Ansehen.

Wak Chan Ajaw bleibt mit wenigen anderen regierenden Frauen aus Tikal, Yaxchilán und Palenque eine Ausnahme. „Dass ihre Position ungewöhnlich und problematisch war, zeigt sich in den Legitimationsschwierigkeiten ihrer Nachfolger, die großen Aufwand treiben mussten, um den von ihren Müttern ererbten Thron zu rechtfertigen. Dennoch ist die Stellung der Frauen in dieser patriarchalisch geprägten Gesellschaft nicht zu unterschätzen. Oft wurden ihnen eigene Monumente gewidmet, sie trugen hohe Titel, hatten gar Ämter inne, und in den Verwandtschaftsbeziehungen ihrer herrschenden Söhne standen die Namen der Mütter ebenbürtig neben denen der Väter." (Teufel, S., 2006/2007, S. 172)

Eine hierarchische Gesellschaft mit offenen Anteilen

Wer in eine reiche und adlige Maya-Familie hineingeboren wird, hat es gut, denn er kommt mit Privilegien zur Welt. Er wird vermutlich einen ähnlichen Status erlangen wie seine Vorfahren, vielleicht sogar weiter aufsteigen, Macht ausüben und standesgemäße Arbeit verrichten. Trotzdem kann er sich seiner Stellung nie ganz sicher sein. Denn fehlt er zu oft bei rituellen Verpflichtungen oder erfüllt er nicht die in ihn gesetzten Erwartungen, dann kann er seinen Status einbüßen. Ebenso ist es möglich, dass Angehörige niederer Schichten in die Elite aufsteigen, sei es durch besondere kriegerische Leistungen, sei es durch besondere Verdienste oder auch durch Protektion.

„Der dynastische Stand der Mächtigen beruht auf Vererbung. Ebenso gehört der Adel zu Familien, die ihren Kindern Macht und Vermögen vererben. Gräber spiegeln diese Wiedergabe von Generation zu Generation genauso wider wie die Landsitze im Umfeld der Zentren. Aber ein Adliger kann seinen Rang einbüßen, ein

Priester einen Fehltritt begehen. Standesverlust ist also möglich. Ebenso ermöglicht persönliches Verdienst sozialen Aufstieg: Aufnahme in eine bessere Schicht oder Erreichen eines höheren Ranges. Die Maya-Gesellschaft ist hierarchisch strukturiert, aber sie ist offen." (Taladoire, E. 2003/2005, S. 220)

Die Kulturleistungen der Maya sind breit gefächert, und genauso breit ist die Anzahl der spezialisierten Berufsgruppen innerhalb der Städte, Gemeinden und Dörfer. Es gibt keine feste Grenze zwischen Handwerk und Kunst. Wer in diesem Bereich arbeitet, muss bestimmte Fertigkeiten erlernen und beherrschen, um Kultobjekte herstellen und beschriften zu können. Die Schrift ist heilig. Fehlerhafte Hieroglyphen werden von den Göttern bestraft. Nur wenn alles perfekt ist, ist die Kunst den Göttern wohlgefällig. Wer also in seinem Handwerk Meisterschaft erlangt, erlangt damit auch eine besondere Position innerhalb der Gesellschaft. „Weder Handwerker, die Vasen im Codex-Stil und Bücher schaffen, noch Maler, die Wände kunstvoll gestalten, noch Bildhauer, die Türstürze oder Stelen skulptieren, lassen sich also deutlich von der Elite abgrenzen." (Taladoire, E. 2003/2005, S. 226)

Organisation und Logistik

Um Gemeinschaften von bis zu 50.000 Menschen, zum Teil vermutlich bis zu 250.000 Menschen zu organisieren

(Scheele und Miller, 2010, S. 250, schätzen die Einwohnerzahl von Teotihuacán auf eine Viertelmillion), benötigt man einen gut strukturierten Verwaltungsapparat. Wissenschaftler nehmen an, dass es bei den Maya eine Art Beamtenklasse gibt, deren Aufgabe es ist, Ländereien zu verwalten, Abgaben zu kontrollieren, Materialien zu organisieren und zu verwalten, Bauwerke zu planen, deren Errichtung und Instandhaltung zu gewährleisten und, im Falle von Kriegen, aus dem Stand heraus Kämpfer zu mobilisieren.

Damit sich die herausragenden baulichen und künstlerischen Leistungen der Maya über viele Jahrhunderte entwickeln können, ist eine hervorragende Organisation der Gesellschaft und eine ausgefeilte Logistik vonnöten. Allein der Bau von Straßen, Prunkbauten und Palästen erfordert die Bewegung von Baumaterial über weite Strecken hinweg.

Cobá im Nordosten der Halbinsel Yukatán zum Beispiel besitzt fast 50 sogenannte *sakbeob* (Prunkstraßen), die ein verzweigtes Netz mit circa 150 Kilometern Länge bilden. „Der bauliche Aufwand lässt sich daran ermessen, dass für manche Straße weit mehr Erde und Geröll als für eine mehrere Dutzend Meter hohe Pyramide zu bewegen war. Allein die Verwaltung der hierzu erforderlichen Arbeitskräfte muss erheblich gewesen sein." (Eberl, M., 2006/2007, S. 233)

Einziges Transportmittel der Maya ist der Mensch. Selbst große Lasten werden auf dem Rücken getragen. Zwar ist das Rad grundsätzlich bekannt (die Straßen der Maya werden mit einer Art Walze befestigt), man benutzt aber keine Karren oder Wagen als Transportmittel, um Lasten einfacher über große Distanzen zu bewegen. In der vorkolumbischen Fauna Mittelamerikas existieren keine Lasttiere, weder Esel noch Pferde oder Lamas. Die Beschränkung auf die Belastbarkeit des menschlichen Körpers bedeutet eine für heutige Verhältnisse kaum mehr nachvollziehbare Transportlogistik und -organisation mit komplizierten Berechnungen der benötigten menschlichen und materiellen Ressourcen. Gleichzeitig müssen Transport- und Bauarbeiter versorgt und untergebracht werden. Auch hierfür wird ein gut organisierter Apparat von Verwaltung und Beamtentum gebraucht.

Handel und Fernverkehr

Zwar können die Maya-Städte einen großen Teil der für ihren Alltag und ihr kultisches Leben erforderlichen Rohstoffe selbst erzeugen oder abbauen. Einige wichtige Materialien müssen allerdings durch Handel aus größeren Entfernungen beigeschafft werden. Besonders kostbare Dinge wie Obsidian, Jade, Federn, Salz und Basalt zum Beispiel sind jeweils nur in Teilen des Maya-Landes verfügbar und müssen von dort in andere Regionen transportiert werden. Dies trifft auf die Ernährung, Bekleidung und sonstige Versorgung der Stadtbevölkerung ebenso zu wie auf die Bauern, die für ihre tägliche Arbeit Handwerkszeuge und Textilien benötigen.

„Die Beschaffung dieser exotischen Waren erfordert, dass die Dorfbewohner sich an den Handelsbeziehungen beteiligen, die von der Stadt als Zentrale ausgehen. Dort wird der Markt abgehalten, dort wohnen die Händler, die von weit her die Luxusgüter beschaffen. So kommt zu den Aufgaben des Dorfbewohners die Reise zum Markt hinzu, der Transport seiner Waren, die er gegen begehrte Güter eintauschen will. In einem Korb oder Sack, den er mittels Stirnband auf dem Rücken trägt, bringt er seine Überschüsse und die Erzeugnisse seines Handwerkes auf den Markt und tauscht sie gegen Obsidian oder einen fehlenden Mahlstein *(metate)* ein." (Taladoire, E., 2003/2005, S. 207)

Offenbar sind Handel und Warenverkehr relativ frei von Beschränkungen und in die Verantwortung der Händler gestellt. Über seltene und für repräsentative Zwecke und Kriegsführung wichtige Produkte wie Federn, Edelsteine und Obsidian (als Werkstoff für Klingen und Werkzeuge) behalten aber König und Elite die Kontrolle.

Angesichts der Größe der Maya-Gemeinschaften ist zu vermuten, dass es auch innerhalb der verschiedenen Bevölkerungsgruppen klar erkennbare Hierarchien gibt. Besondere handwerkliche Fertigkeiten, künstlerische Meisterschaft, Verhandlungsgeschick und nicht zuletzt Klugheit und Witz des Einzelnen erhöhen das Ansehen der Person und mit ihr das ihrer Familie. Diese Reputation und die damit einhergehende gesellschaftliche Stellung werden an die

Söhne weitervererbt, die sie ihrerseits festigen und ausbauen oder – bei Fehlverhalten oder Unvermögen – verlieren können. „Die Elite scheint mit Priestern, Adligen, Kriegern und Händlern zahlreicher und differenzierter zu sein, die Stadtbewohner widmen sich häufig anderen Arbeiten als der Landwirtschaft und nicht alle Bauern haben die gleiche Stellung. Differenzen und Nuancen werden in den verschiedenen Bereichen sichtbar: So sind Behausung und Wohnbedingungen sehr unterschiedlich." (Taladoire, E., 2003/2005, S. 236)

Eines, das freilich alle Bevölkerungsgruppen eint, ist die Verantwortung des Individuums für das Wohlergehen der gesamten Gemeinschaft.

Spiele sind kein Kinderspiel

Ballspiele sind über alle Jahrhunderte hinweg ein wesentlicher Bestandteil der Maya-Kultur. Sie haben einen extrem hohen gesellschaftlichen Stellenwert. Die Maya stehen damit nicht allein, sondern teilen diese Vorliebe mit den anderen indigenen Völkern Mesoamerikas. Die archäologischen Spuren von Ballspielplätzen reichen bis ins 5. Jahrhundert v. Chr. zurück. Die meisten und bekanntesten Plätze wurden zwischen dem 3. und 9. Jahrhundert n. Chr. erbaut. Als die Spanier im 16. Jahrhundert Yukatán und Mexiko erreichen, berichten sie von Ballspielen unter den Einheimischen. Man nimmt an, dass sich das Spiel mit vermutlich relativ ähnlichen Regeln über einen Zeitraum von knapp zwei Jahrtausenden erhalten hat.

Über die Bedeutung des Ballspiels liefert die Maya-Forschung unterschiedliche Theorien. Teils wird es als eine Art Stellvertreterkrieg dargestellt, in der Mannschaften verfeindeter Völker gegeneinander antreten. Der Verlierer riskiert dabei nicht nur seine Ehre, sondern auch seinen Kopf. Bei dieser Deutung beruft man sich darauf, dass häufig auf Ballspielplätzen Reliefs angebracht sind, auf denen ein geköpfter Spieler zu sehen ist. Diese Darstellungen könnten aber ebenso gut auf eine entsprechende Passage aus dem *Poopol Wuuj*, dem großen Schöpfungsmythos der Maya, zurückgehen.

Unzweifelhaft ist wohl, dass viele Ballspielplätze auch Schauplätze von Hinrichtungen sind. Gefangene werden an den steilen Wänden der Plätze zu Tode gestürzt (Colas, P. R., Voß, A., 2006/2007, S. 188f.), enthauptet oder auf andere Weise geopfert, um die Götter gnädig zu stimmen und um den ewigen Kreislauf von Werden und Vergehen, Aussaat und Ernte in Gang zu halten. Je höher das Ansehen der Gefangenen und ihre gesellschaftliche Stellung, desto höherwertig ist das Opfer.

Dennoch dienen die Ballspielplätze auch einer Art sportlichem Wettkampf und dem Training. Die Regeln und die Spielweise sind so gestaltet, dass es einer gewissen Fertigkeit und körperlichen Fitness bedarf, um sie umzusetzen.

Gespielt wird mit einem etwa handballgroßen Ball aus Naturgummi (hierfür wird der Saft des Kautschukbaums *castilla elastica* verwendet). Es sind auch Bälle von der Größe heutiger Gymnastikbälle bekannt, so dass das Gewicht zwischen drei und acht Kilo schwankt. Die Spieler dürfen den Ball nur mit dem Ellenbogen, der Hüfte und den Oberschenkeln schlagen. Manchmal war auch der Unterarm erlaubt. Ziel des Spiels ist es, den Ball durch einen über dem Spielfeld hängenden Steinring zu befördern beziehungsweise ihn zu berühren. Um sich vor Verletzungen zu schützen, tragen die Ballspieler gepolsterte Kleidung und besonderes Schuhwerk. Es wird also auch Spezialisten für das Ballspiel geben, Profispieler, die durch die Gesellschaft unterstützt werden und stellvertretend in inszenierten Kämpfen vor Schaulustigen gegeneinander antreten.

Über die genauen Regeln des Spiels sind sich die Maya-Forscher uneinig. Einiges allerdings lässt sich aus der Deutung von Gefäßmalereien, Steinmonumenten und Tonplastik schließen. „(...) (E)inige Augenzeugenberichte von Europäern aus dem 16. Jahrhundert ermöglichen Rückschlüsse über den Spielverlauf des Maya-Ballspiels. Wir wissen nicht viel mehr, als dass der Ball zu Spielbeginn mit der Hand ins Spielfeld geworfen wurde, dann aber nur mit der Hüfte und dem Oberschenkel getroffen werden durfte, alles andere galt als Verstoß gegen die Regeln. Es ist weder bekannt, wie die Punkte gezählt, noch, wie der Gewinner ermittelt wurden. Vermutlich gab es regional unterschiedliche Spielvarianten". (Colas, P. R., Voß, A. 2006/2007, S. 187).

Eine Besonderheit ist der Große Ballspielplatz von Chichén Itzá mit einer Gesamtlänge von 138 Metern und einer Breite von 40 Metern. Er unterscheidet sich von anderen auch in seiner Gestaltung. Die Böschungen sind so schmal, dass von ihnen keine Gefangenen zu Tode gestürzt worden sein können. Die Seitenwände des Platzes ragen acht Meter steil auf. Hier wird offensichtlich mit größeren Mannschaften gegeneinander gespielt. Die Relieftafeln des Ballspielplatzes lassen Rückschlüsse auf die Spielregeln zu:

„Jede Tafel zeigt 2 Mannschaften mit je 7 Spielern. Zuerst fällt auf, dass die Spieler jeder einen Schläger in der rechten, also aktiven, Hand halten. Deutlich sieht man, dass er die Figur einer Schlange hat, und einen Griff zum Anfassen besitzt. Die Unterseite ist glatt. Das Erstaunliche an den Figuren (...) ist: alle Spieler haben verschiedene Schuhe an! Jeder Spieler trägt am linken Fuß eine Sandale, aber am rechten Fuß einen ‚Turnschuh', also einen festen Schuh (...); während das linke Knie eine Art Schmuckband ziert, trägt jeder Spieler am rechten Knie ein großes Kniepolster. Ein dicker Gürtel mit einer Figur vor dem Bauch, eine gepolsterte Uniform und ein komplizierter Kopfputz vervollständigen die Ausrüstung des Ballspielers. Nun (...) wird sich ein Bild von den Spielregeln dieses großen Ballspielplatzes ergeben. Wenn die Spieler nur am rechten Bein einen Knieschutz tragen, dann folgt daraus, dass sie nur rechts knieten. Das ist offenbar sinnvoll, denn der Schläger wird in der rechten Hand gehalten, und somit ist genügend Platz da, um mit der rechten Hand zu agieren." (Rohark, J., 2008a, Seite 10f.)

Abbildung 12: Das Ballspiel der Maya (Zeichnung Jens Rohark)

Es gibt also wohl eine zweite Variante des Ballspiels mit anderen Regeln und erweiterter Ausstattung, die in Chichén Itzá und anderen Orten praktiziert wurde und die einen anderen Aufbau des Spielfeldes erforderte. „An dieser Stelle dürfte endlich klar sein, warum diese Anlage keine schrägen Seitenwände wie die klassischen Anlagen besitzt, die so angelegt sind, dass der Ball herunterrollen kann, um dann in Hüfthöhe abgefangen zu werden. Statt der leicht geneigten Schrägwand brauchte man hier einen hohen Absatz, damit der Ball möglichst hoch springt, sodass der Spieler mit seinem Schläger direkt unter den Ball gehen konnte. Und genau diesen Absatz finden wir hier. Aus all dem oben Gesagten folgt offenbar, dass der Große Ballspielplatz von Chichén Itzá tatsächlich zum Spielen benutzt wurde. Außerdem würde es wohl keinen Sinn ergeben, dass man solch eine kolossale Anlage nur zur Zierde gebaut hätte." (Rohark, J., 2008)

Die Maya selbst führen das Ballspiel auf ihren großen Schöpfungsmythos, das Poopol Wuuj, zurück. Hier wird beschrieben, wie die Zwillinge Junajpu und Xbalanq'e, als Halbgötter sowohl der göttlichen als auch der menschlichen Welt verbunden, durch Intelligenz und List und mit Hilfe freundlich gesonnener Tiere die Götter im Ballspiel besiegen und damit den Weg frei machen für die Ausbreitung der Menschen.

Werden und Vergehen – das Poopol Wuuj

Das Poopol Wuuj ist eine der wenigen mythischen Erzählungen der Maya, die sich – wenn auch über Umwege – bis in die heutige Zeit erhalten hat. Es hat seinen Ursprung in uralten Überlieferungen, die im gesamten Maya-Gebiet verbreitet waren und sowohl mündlich als auch schriftlich und auch in szenischen Darstellungen weitergegeben wurden. Trotz des Verbots der Maya-Schrift und der Vernichtung der allermeisten Codices gelingt es einigen Maya-Priestern, Abschriften alter Maya-Bücher in lateinischer Schrift anzufertigen. Um das Jahr 1702 fällt eine dieser Schriften dem spanischen Dominikaner-Priester Francisco Ximénez in die Hände. Er vernichtet sie nicht, sondern fertigt stattdessen eine weitere Abschrift sowie eine Übersetzung ins Spanische an. Diese Abschrift wird zur Grundlage aller heutigen Ausgaben des Poopol Wuuj.

In den vergangenen Jahren hat sich die Exegese dieses wichtigen und weltgeschichtlich bedeutsamen Schöpfungsmythos gewandelt. Dank neuerer Arbeiten ist heute ein Text verfügbar, der deutlich näher am altamerikanischen Original ist und sowohl seine poetische als auch seine mythologische Dimension sichtbar macht.

Über den Zustand der Welt vor der Erschaffung des Lebens heißt es dort:

„Dies ist die Kunde, hier ist sie:
Noch regt sich nichts,
nur ein Flüstern ist es,
ein Rascheln,
nur ein Atemhauch,
nur ein Summen;
und leer ist der Raum unter dem Himmel.

Dies ist die erste Kunde,
die erste Erzählung.
Es ist noch nicht ein Mensch da,
noch nicht ein Tier,
kein Vogel, kein Fisch,
kein Krebs, kein Baum,
kein Stein, keine Höhle,
keine Schlucht,
kein Gras, kein Wald.
Da ist nur der Himmel." (Rohark, J., 2008)

Ähnlich wie beim biblischen Schöpfungsmythos wird von
den Göttern – nach eingehender Beratung – zunächst festes
Land aus dem Meer geschaffen, das dann durch Tiere und
Pflanzen bevölkert wird.

„Und dann erschufen sie die Erde.
Nur durch ihr Wort kam sie zum Vorschein.
So stieg die Erde empor:

,Erde!', sagten sie.

Und augenblicklich war sie erschaffen.
Wie aus einer Wolke,
wie aus dem Morgennebel formt sie sich,
kommt sie zum Vorschein.
Und dann floss das Wasser von den Bergen,
mit einem Male kamen die großen Berge hervor.
Nur durch ihre Gedankenkraft,

durch ihre Offenbarung
wurden sie geschaffen, wurden sie erdacht,
die Berge und die Täler.
Sogleich erwuchsen auch die Kiefern
und Zypressen
und bedeckten das Antlitz der Erde."
(Rohark, J., 2010)

Nacheinander werden dann die Pflanzen und Tiere erschaffen und von den Göttern mit ihren speziellen Gaben und Eigenschaften ausgestattet. Anschließend machen sie sich an die Erschaffung des Menschen. Er soll sie anbeten, ehren und – vor allen Dingen – ernähren. Im ersten Versuch formen sie Menschen aus Lehm, im zweiten aus Holz. Beide scheitern. Die Lehmmenschen können sich nicht vermehren und nicht miteinander reden. Die Holzmenschen können zwar existieren und sich fortpflanzen, haben aber keine Seele. Erst als die Götter als Schöpfungsmaterial auf Mais zurückgreifen, schaffen sie Menschen, die ihren Ansprüchen gerecht werden. Diese bevölkern von nun an die Erde und haben die Aufgabe, den Göttern zu dienen und sie zu nähren.

Im späteren Verlauf der Erzählung müssen sich Menschen und Halbgötter mehrfach im Ballspiel mit den Göttern messen. Der Kampf geht über mehrere Runden, wobei jeweils ein Bruder- oder Zwillingspaar gegen die Götter antritt. Allerdings spielen die Götter der Unterwelt mit falschen Karten: In den verwendeten Spielball haben sie eine Klinge aus Feuerstein eingearbeitet, die die Brüder töten soll. Im Verlauf des Spiels wird jeweils mindestens einer der Brüder geköpft. Durch List, Witz und Glück gelingt es ihnen trotzdem, zu überleben beziehungsweise wenigstens noch schnell einen Sohn zu zeugen – und zwar durch Speichel, was freilich nur ein symbolischer Begriff für die menschliche Rede ist, wie Jens Rohark meint (vgl. Rohark J., 2008, S. 85f.). Speichel als Symbol der Rede sei damit Voraussetzung für die Weitergabe der Kultur, denn die Zivilisation wird nicht über das Blut, sondern über die Erziehung vererbt. Der Maya würde sagen, Wissen wird über den Speichel vererbt. Am Ende schaffen es die Menschen, die Götter zu besiegen und damit das Volk der K'ichee'-Maya zu begründen.

Der Glaube an Tod und Wiederkehr, der sich in diesem Mythos zeigt, prägt das Denken der Maya. Er zeigt sich für sie vor allem im Lauf der Jahreszeiten und im Zyklus von Werden und Vergehen des Mais auf den Feldern. Um ihn nicht zu gefährden, versuchen sie, die Götter gnädig zu stimmen. Sie beeindrucken und nähren sie durch Opfer und ordnungsgemäßes Verhalten.

Kollektive und individuelle Verantwortung
für die Gemeinschaft

Eines der wichtigsten Merkmale der Maya-Gesellschaft ist ihr innerer Zusammenhalt. Oberstes Ziel ist der Erhalt der Gemeinschaft und des Staates. Dieser Maxime ordnet sich alles unter. Besonders wichtig für das Überleben der Gemeinschaft sind nach ihrem Verständnis und ihrer Erfahrung König und Elite, denn diese bestimmen durch die Nähe zu den Göttern und die Kenntnis der Zeit und des alles bestimmenden Kalenders über das Wohlergehen des Volkes. Ohne König und ohne Führungselite fühlt sich das Volk verlassen, die Organisation des Alltags- und des kultischen Lebens funktioniert nicht mehr. Ein Indiz dafür ist, dass Städte häufig nach dem Zusammenbrechen von Dynastien verlassen werden. „Palenque und Copan erholten sich nicht mehr, nachdem ihre Könige in Gefangenschaft geraten waren. Tonina fällt einem Überfall zum Opfer und geht unter. Genauso ergeht es vielen anderen Städten, deren Dynastien erlöschen und deren Schicksal wir nicht kennen. An Kriegen und unentwegten politischen Händeln gingen viele Städte zu Grunde. Sie zerbrachen zum einen an Niederlagen, zum anderen an den Folgen dieser Aggressionen (...)." (Taladoire, E. 2003/2005, S. 111)

Zum Weltbild der Maya gehört, dass sie sich für das Wohlergehen der göttlichen Welt persönlich und kollektiv verantwortlich fühlen und bereit sind, dafür Opfer zu bringen. Des Weiteren fühlt sich das Volk dafür verantwortlich,

König und Elite zu versorgen, spielen diese doch eine unverzichtbare Rolle in der Kommunikation mit den Göttern. Diese Ansicht, dass alles mit allem zusammenhängt, hat die Maya-Kultur über mehr als zwei Jahrtausende zusammengehalten und sich in Teilen trotz massiver christlicher Einflüsse bis heute im Volksglauben erhalten.

Aus Prinzip offen für äußere Einflüsse

Die Götterwelt der Maya ist alles andere als statisch. Götter und Mythen anderer Volksgruppen werden willig aufgenommen und integriert. Ein Beispiel dafür ist der Gewittergott Tlaloc aus Teotihuacán, der in klassischer Zeit ins Maya-Pantheon einzieht und gleichberechtigt mit den anderen Göttern verehrt und versorgt wird.

> „Vor allem die Postklassik erlebt eine rasante Einführung fremder Götter. Am bekanntesten und auffälligsten ist Quetzalcoatl, die aus Zentralmexiko stammende ‚Federschlange‘. (…) Ihr Bild schmückt in Chichén Itzá die Treppenrampen der Pyramiden des Castillo, die Sitzbänke des großen Ballspielplatzes und die Säulen vor dem Tempel der Krieger. Während die Tolteken ‚Federschlange‘ als Zivilisation bringenden friedlichen Gott verehrten, nimmt Quetzalcoatl bei den Maya die Rolle eines Gottes der Eroberung und des Krieges ein, der neue Praktiken wie Menschenopfer verbreitet." (Taladoire, E., 2003/2005, S. 152)

Diese Offenheit für fremde Einflüsse und die Fähigkeit, sie in das eigene Weltbild, die eigene Kultur zu integrieren, kommt den Maya auch in anderen Bereichen zugute. Auf diese Weise entwickeln sich Handwerk, Kunst, Kultur und Schrift weiter, denn neue Ideen und Techniken werden geschätzt und, wenn sie einer Prüfung standhalten, auch positiv aufgenommen. „Die Welt der Maya ändert und entwickelt sich sowohl unter fremden Einflüssen als auch durch eigene Dynamik. Empfänglich und offen, nimmt sie neue Götter und neue Kulte an, ohne ihre Identität und Einmaligkeit zu verlieren. Darstellungen der neuen Götter K'uk'ulkan und Mo'ol werden von den Maya rund und ausgewogen dargestellt, ganz im Gegensatz zur Nüchternheit entsprechender Bilder in Zentralmexiko. (...) Die Maya führen Neuerungen ein, aber sie vergessen ihre Traditionen nicht." (Taladoire, E., 2003/2005, S.155)

Grausame Rituale in einer fremden Welt

Zu den verstörendsten Aspekten der Maya-Kultur gehört sicherlich die Praxis der Menschenopfer. Über Ausmaß, Bedeutung und zeitliche Dimension dieser Praxis gehen die Meinungen der Forscher auseinander. Unstrittig ist aber inzwischen, dass es Menschenopfer gegeben hat. Auch kannibalistische Praktiken sind nicht auszuschließen. Für die Spanier mit ihrem christlichen Menschenbild sind diese Rituale ein eindeutiger Beweis für den Einfluss des Teufels auf die Maya. Sie rücken ihnen mit der Inquisition zu Leibe, deren Vorgehen nicht minder brutal und gewalttätig ist.

Die wichtigsten und wirkmächtigsten zeitgenössischen Beschreibungen von Ritualen, bei denen Menschen geopfert wurden, sind in Diego de Landas Bericht aus Yukatán enthalten. Bei der Lektüre und Auswertung dieser Schrift ist allerdings zu bedenken, dass Landa sie zu seiner eigenen Verteidigung verfasst hat – nachdem er nämlich nach Spanien zurückbeordert wurde, weil sein Verhalten bei der Vernichtung der Maya als zu brutal angesehen wurde. „Um die Feste würdig zu begehen, wurden Menschen geopfert, und darüber hinaus geboten ihnen der Priester oder die Chilanes auch in irgendeiner Bedrängnis oder Notlage, Menschen zu opfern; hierfür steuerten alle bei, damit man Sklaven kaufen konnte, oder aus der Frömmigkeit gaben sie auch ihre kleinen Kinder." (de Landa, D., 1566/2010, S. 81)

Eine gängige Opfermethode beschreibt de Landa wie folgt:

„Der schmutzige Priester, der seine Tracht angelegt hatte, stieg hinauf und verwundete ihn mit dem Pfeil in der Schamgegend, gleichgültig, ob es eine Frau oder ein Mann war; er zapfte Blut ab, stieg herunter und bestrich damit die Gesichter des Teufels (damit meint de Landa die Götterstatue, d. Verf.); dann gab er den Tänzern ein bestimmtes Zeichen, und sie liefen wie im Tanz schnell vorbei und beschossen der Reihe nach mit Pfeilen sein Herz, das mit einem weißen Flecken angegeben war; und solcherart richteten sie ihn sogleich dermaßen zu, dass er wie ein Igel aus Pfeilen aussah." (de Landa, D., 1566/2010, S. 82)

De Landa beschreibt auch die Praxis, dem Gefangenen das Herz herauszuschneiden. Ob sich die Opferzeremonien tatsächlich so abgespielt haben, ist nicht mehr rekonstruierbar und wird von den überlebenden Priestern der Maya bestritten.

Fest steht allerdings, dass gegen Ende der Klassik die Zahl der Menschenopfer zugenommen hat. Es scheint, als sei zu diesem Zeitpunkt die Welt der Maya aus den Fugen geraten. Vielleicht haben Naturkatastrophen (Vulkanausbrüche, Erdbeben) die Ernten beeinträchtigt, vielleicht hat die wachsende Elite die Gesellschaftspyramide auf den Kopf gestellt, vielleicht ist eine Zeit besonderer Dürre oder Überschwemmungen gekommen, vielleicht kommen mehrere dieser Faktoren zusammen (vgl. Kapitel 2).

Die Maya jedenfalls reagieren auf die sich wandelnden Verhältnisse mit den bisher bewährten Methoden: Sie bringen den Göttern Opfer. Bedeutende Opfer, denn offensichtlich sind sie erzürnt und müssen besänftigt werden. Als das nicht wirkt, bringen sie noch mehr Opfer und führen Kriege mit dem Ziel, möglichst viele und möglichst bedeutende Gefangene zu nehmen, um noch mehr Opfer bringen zu können. Es entsteht eine Spirale der Gewalt, denn die Naturgewalten lassen sich nicht von den Opfern beeinflussen. Stattdessen verschlimmert sich die Situation weiter, weil die Bauern – um Krieg zu führen oder um noch mehr gottgefällige Prunkbauten zu bauen – ihre Felder vernachlässigen. Am Ende zerfällt die Gemeinschaft, die doch eigentlich gerade durch die Opfer gestärkt werden sollte.

KAPITEL 4

Das Bildungssystem der Maya

Kindheit im Dienste des Gemeinwohls

Im Poopol Wuuj, dem „Heiligen Buch" der Maya, erzählt eine Geschichte von den „Göttlichen Zwillingen" Junapju und Xbalanq'e, die – bisher unbeschwert allein dem Spiel und der Jagd mit dem Blasrohr ergeben – nach dem Sturz ihrer (noch tierischen) älteren Halbbrüder Eins-Affe und Eins-Meister ihre Mutter und ihre Großmutter und sich selbst versorgen müssen. Wie stellen die beiden das an? Vom wem haben sie gelernt, ein Maisfeld zu bestellen? Und warum tun sie es überhaupt und überlassen Mutter und Großmutter nicht ihrem Schicksal? Suchen wir zunächst nach einer Antwort auf die letzte Frage und lauschen dem Poopol Wuuj in der Übersetzung von Jens Rohark (2008):

„Und so begannen sie, ihr Wirken und ihre Erziehung
Vor ihrer Großmutter
Und vor ihrer Mutter zu offenbaren.
Als erstes legten sie ein Maisfeld an:

‚Wir wollen das Maisfeld bestellen,
verehrte Großmutter, verehrte Mutter', sagten sie.
‚So seid nicht betrübt, denn wir sind ja da.
Wir sind Eure Enkelkinder,
wir sind anstatt unserer älteren Brüder da.'

So sprachen Junapju und Xbalanq'e."

(Rohark, J., 2008, S. 105)

Bereits in dieser uralten Legende wird die Übernahme von Verantwortung für die Familie als selbstverständliche, quasi natürliche Pflicht der Jungen geschildert. Ein solches Handeln ist für junge Maya, um ein aus der Politik mehr als bekanntes Wort zu gebrauchen, „alternativlos", undenkbar, geradezu unmöglich: Allein der Gedanke, den familiär vorbestimmten Weg zu verlassen und etwas anderes zu tun, als in die Schuhe der Altvorderen zu schlüpfen, ist dem Maya wesensfremd. Davon zeugt eine andere Textstelle, in der von den beiden älteren Affen-Brüdern die Rede ist:

„Große Flötenspieler und Sänger waren
Eins-Affe und Eins-Meister.
Als sie aufwuchsen
Erlebten und durchlitten sie
Viel Müh' und Leid.
Und große Weise wurden sie.
Aber auch Flötenspieler und Sänger,
Schreiber und Steinmetze sind sie geworden.
Alles gelang ihnen gut.
Sie wussten es einfach von Geburt an,
durch Zauberkraft.
Sie hatten die Stelle ihrer Väter eingenommen,
welche nach Xibalba gegangen waren."
(Rohark, J., 2008, S. 95)

Damit wird die dem Maya-Menschen inhärente Bereitschaft, Verantwortung für seine Familie zu übernehmen
und das Werk der Älteren fortzusetzen, schon in der legen-
dären Vorgängergeneration in der Schöpfungsgeschichte,
den Affen, erkennbar. Eine Haltung, die solch lange und
tiefe Wurzeln hat, wird im Verständnis der Maya zu einer
sakrosankten Selbstverständlichkeit, die weder diskutiert
noch sanktionslos in Abrede gestellt wird.

Erziehung und Bildung der Maya

Natürlich haben weder die weisen Affen noch die Göttlichen Zwillinge über Nacht gelernt, Schreiber, Steinmetze
und Maisbauern zu werden. „‚Als die Priester nach Yukatán
wanderten', erzählt das Poopol Wuuj, ‚nahmen sie alle ihre
gemalten Bücher mit, in denen sie das Wissen der alten
Zeiten über den Kalender, die Magie und das Handwerk
verzeichnet hatten (…) die Malbücher von Tula, wie jene
genannt werden, in denen sie ihre Chroniken niederlegten."
(Hagen, V.W. von, 1976, S. 130) Forscher können inzwischen belegen, dass dieser Wissensschatz von den Priestern
bewahrt und in verständlicher Form an das Volk weitergegeben wird. Innerhalb der Familien wird es vom Vater an
den Sohn und von der Mutter an die Tochter weitergegeben. Meist mündlich, denn die Schrift- oder besser Symbol-
sprache war nur den Angehörigen einer bestimmten Gesell-
schaftsschicht vorbehalten.

Wie bei allen theokratischen Kulturen gleicht die Gesellschaftsordnung der Maya einer Pyramide. Ganz unten finden wir die Maisbauern, die in gemeinschaftlich bewirtschafteten Clans lebten. Ganz oben steht der Gottkönig, anbetungswürdig und weit entrückt von seinem Volk. Dazwischen siedeln der Adel, aus dem sich auch das Heer der Beamten und Schreiber rekrutiert, sowie die Priesterschaft. Die Priester verstehen sich auf Mathematik, Astrologie, Astronomie und auf die Interpretation des Kalenders. Sie geben den Bauern die Termine für Aussaat und Ernte vor und erklären ihnen die mystischen Überlieferungen ihres Naturglaubens.

Wie Bauern und Handwerker lernen

Das dafür nötige Land wird den Bauern von einem Beamten zugeteilt, wie Diego de Landa notiert: „Jeder verheiratete Mann bepflanzt mit seiner Frau ein Gebiet von 400 Fuß im Quadrat", zitiert von Hagen (1976) Diego de Landa. Das Land wird von Blutsverwandten gemeinsam angebaut. Eine frühe Art von Gruppen- oder Teamarbeit mit fester, intern organisierter Arbeitsteilung, so könnte man meinen. Hinter der Gruppe verschwindet das Individuum zu einer Existenzform, die nur im Plural, eben als Teil der Sippe, wahrgenommen wird. „Die Indios haben die gute Sitte, sich bei all ihren Arbeiten gegenseitig zu unterstützen (…) (S)ie hören nicht eher auf, bis sie ihre Pflicht allen gegenüber erfüllt haben", lobt der Chronist aus Spanien (de Landa, D., 1566/2010, S. 64).

Die Erziehung der Kinder erfolgt innerhalb der Großfamilie, Mütter unterweisen die Töchter, Väter die Söhne. Von klein auf lernen die Jungen von den Alten all das, was diese selbst einst von ihren Eltern mitbekommen haben: Kulturtechniken, volksnahe Teile der Wissenschaften, Weissagungen, die Pflege von Haus und Gerätschaften, Ackerbau beziehungsweise das jeweilige Handwerk des Vaters, die Achtung der Hierarchie und den Glauben an die Kräfte der Natur. Vor allem lernen sie, zu gehorchen und höchst diszipliniert in der Ordnung der Erwachsenen zu leben. Das Kind muss Eltern und Priestern gehorchen, ansonsten wird es streng bestraft. Auf diese Weise passen sich die Kinder frühzeitig den gesellschaftlichen Regeln an. Sie betrachten sich als untrennbarer Teil der Familie, der Sippe, der Ortsgemeinschaft. Die Identifikation der Kinder mit den Eltern geht so weit, dass diese – neben einen vom Priester ausgewählten, dem Geburtstag entsprechenden Namen – dieselben Namen tragen wie ihr Vater und ihre Mutter.

Die weniger privilegierten Maya werden bis zum Alter von drei Jahren zu Hause von ihrer Mutter erzogen. Danach lernen die Mädchen von der Mutter und den weiblichen Stammesangehörigen das Spinnen und Weben und die Herstellung von Tortillas. „Was sie wissen, geben sie an ihre Töchter weiter, und sie erziehen diese rechtschaffen in ihrer Art, denn sie schelten ihre Töchter aus, unterweisen sie und stellen sie bei der Arbeit an, und wenn sie sich etwas zuschulden kommen lassen, werden sie bestraft (…).“ (de Landa, D., 1566/2010, S. 93)

Jungen im gleichen Alter werden zu Hilfsdiensten herangezogen, zum Beispiel zum Wasserholen geschickt. Ab dem Alter von vier Jahren signalisierten ein weißes Band bei den Jungen und ein rotes Band bei den Mädchen, dass sie bereit waren, von einer größeren Umwelt zu lernen (Phillips, C., 2007, S. 95). Bis dahin haben ihnen ihre Eltern alles beigebracht, was sie brauchen, um später deren Rolle in der Gesellschaft zu übernehmen und fortzuführen, sowohl im handwerklichen oder bäuerlichen beziehungsweise häuslichen Umfeld als auch in religiöser und gesellschaftlicher Hinsicht. Handwerker lernten vom Vater ihr Handwerk, Bauern von Bauern, Hausfrauen von Hausfrauen.

Mit sechs oder sieben Jahren gehen die Jungen mit ihren Vätern auf die Felder oder zum Fischen. Wenn der Vater ein Handwerker ist, weist er seine Söhne bereits in diesem frühen Alter in sein Gewerk ein. Maya-Eltern verzärteln ihre Kinder nicht; wenn sie nicht die Erwartungen ihrer Familie oder der Ortsgemeinschaft erfüllen, werden sie körperlich gezüchtigt. Noch vor Beginn der Pubertät besuchen die Kinder, Jungen wie Mädchen, zeitweilig eine Art „Schule". Allerdings darf man sich diese Einrichtung nicht wie eine moderne Bildungsstätte mit einem Klassenraum und einem Lehrer vor einer Gruppe von Schülern vorstellen. Eher befassen sich die lehrenden Priester mit einzelnen Schülern und Schülerinnen und lehren sie geschlechterspezifisch Tanz, Gesang, öffentliches Reden, korrektes Bedienen bei Tisch, Religion und die Geschichte ihres Volkes. Lesen und Schreiben werden nur in dem sehr geringen

Maße gelehrt, wie es das einfache Volk im täglichen Arbeitsleben benötigt. Forscher vermuten, dass allenfalls jeder vierte Maya lesen und schreiben kann (Phillips, C., 2007, S. 112).

Dieser „Schulbesuch" darf, zumindest was die Angehörigen des einfachen Volkes angeht, nicht überschätzt werden. Er ergänzt allenfalls die heimische Erziehung.

Wissenserwerb und Wissensweitergabe durch die Priesterschaft

Die Priesterschaft ist in einer eigenen Unterhierarchie organisiert. Der Oberpriester, ein erbliches Amt, wird als Häuptling verehrt, „und alle Priester der Ortschaften entrichten ihm Abgaben. (…) Die Priester unterrichten die Söhne anderer Priester und die zweitgeborenen Söhne der Häuptlinge. Diese brachten ihre Söhne schon im Kindesalter zu ihnen, damit sie sehen sollten, ob die Kinder sich für dieses Amt eigneten" (de Landa, D., 1566/2010, S. 25). Gelehrt wird die Berechnung des Kalenders, Religion, die günstigen und ungünstigen Tage, Heilmittel gegen Krankheiten sowie das Lesen und Schreiben mit Bildzeichen als Schrift – weitaus mehr Bildungsinhalte also, als das einfache Volk genießen darf. Die Söhne der Oberpriester sind den Söhnen von Häuptlingen gleichgestellt und bekommen dieselbe privilegierte Ausbildung wie diese. „Scribes also occupied an elevated social position", schreibt der britische Historiker Charles Phillips (2007), „they were leading members of the king's retinue. Most cities probably had a school for scribes, where royal and noble children such as the younger sons and daughters of the king or his children by secondary wives and concubines would learn the complex skill of reading and writing Maya hieroglyphs." (Phillips, C., 2007., S. 113)

Die Bildung der Elite

Der Adel bildet bei den Maya die oberste Kaste mit zahlreichen Sonderrechten. An der Spitze einer Ortschaft steht ein Oberhaupt, ein Gottkönig oder sein Stellvertreter, manchmal Gouverneur getauft (in den Inschriften Sajal genannt) oder eine Adelsfamilie, die den Verwalter stellt (für einen sehr kleinen Ort oder Vorort einer Stadt). Das Haus dieses Oberhauptes wird von Angehörigen des Volkes gebaut und seine Felder werden von Angehörigen des Volkes bestellt. Die Verwandten des Häuptlings genießen ähnliche Vorrechte. Doch der Adel hat dafür einen Preis zu zahlen: Die Häuptlinge müssen den Bauern die besten Zeiten für die Feldbestellung aus dem Kalender herauslesen, und die Mitglieder der Elite dürfen zu keinem Zeitpunkt ihres Lebens als unvollkommen erscheinen.

Deshalb findet die Erziehung und Bildung ihrer Kinder im Geheimen statt, den Blicken des einfachen Volkes entzogen, mit Priestern – die ebenfalls der Elite zugerechnet werden – als Unterweiser in die Wissenschaften und in die

Auslegung der Schöpfungsmythen. Aus keiner Quelle ist überliefert, dass das Lernen in Gruppen oder Klassen von jungen Menschen stattfindet, weshalb auch hier davon auszugehen ist, dass der Unterricht im Wesentlichen im Einzelunterricht erfolgt. Auf einen Lehrer kommen nur wenige Schüler, so dass kein Schüler vernachlässigt werden kann. Dieser Prozess der Wissensvermittlung entspricht im Wesentlichen dem, der Jahrhunderte später auf asiatischen und europäischen Fürstenhöfen angewendet wird – bis weit hinein in das Preußische Hauslehrertum im 19. Jahrhundert, bei dem die Lehrer bevorzugt aus dem niedrigen Adel rekrutiert wurden, um den Titelerben privatim zu unterrichten.

Die Söhne und Töchter des Adels werden ausgebildet in Lesen und Schreiben, religiösen Ritualen, in den Weisheiten des heiligen Kalenders und in der Kunst der Mathematik (vgl. Phillips, C., 2007, S. 94). „Außerdem lernen sie Militärtheorie, Landwirtschaft und Pflanzenanbau, Astronomie und die Grundzüge der Architektur. Ziel der schulischen Erziehung ist es, besondere Talente zu erkennen, aus denen eines Tages Richter, Schreiber, Beamte oder Priester werden können. Auch einige wenige ausgewählte Kinder von Bauern und Handwerkern gelangen in den Genuss dieser Eliteausbildung.

Sowohl bei der Elite als auch im Volk steht die Weitergabe des praktischen Wissens im Vordergrund. Der Lehrstoff kann und muss sofort im Praktischen erprobt und gefestigt werden. In kurzen Abständen finden Prüfungen statt, so dass man das Gelernte sofort nachweisen muss. Der Lehrer ist für den Lernerfolg seiner Schüler direkt verantwortlich. Versagt ein Schüler, so wird das als Misserfolg seines Lehrers gewertet – der sich beeilen wird, dem Schüler Nachhilfe zu erteilen, um seine (sic!) Scharte in kurzer Zeit auszuwetzen.

Das Ende der Maya

Das – nach der blutigen Conquista im Grunde nicht mehr rätselhafte – Verschwinden des Volkes der Maya hat zahlreiche Historiker zu kaum weniger zahlreichen Theorien über die Beweggründe hierfür veranlasst. Die Mehrheit der Wissenschaftler geht heute davon aus, dass die endemischen Gesellschaften Mittelamerikas nicht offen genug für die Erlangung neuen Wissens waren und sich deshalb den eindringenden Spaniern gegenüber völlig hilf- und wehrlos zeigen mussten. Klar ist auf jeden Fall: Am Ende dieses Zeitalters hat das Management der Eliten versagt.

Unbestritten ist, dass die Maya ihren großen Wissensschatz über viele Generationen hinweg konservierten und ausschließlich in der tradierten Form an ihre Nachkommen weitergaben. Ob und inwieweit neue Gedanken und Impulse Eingang in den Unterricht der jungen Maya gefunden haben, weiterentwickelt und der Tradition hinzugefügt wurden, ist noch nicht abschließend erforscht.

Unbestritten ist aber auch, dass sich dieses Volk über einen sehr langen Zeitraum hinweg friedlich, zumindest in der Anfangszeit, und wirtschaftlich erfolgreich, zumindest bis in die Klassische Periode hinein, auf einem kargen Landstrich hat behaupten und seinen Feinden hat widersetzen können. Als Hauptgrund hierfür sehen Forscher die straffe gesellschaftliche Organisation mit klaren Rollenzuweisungen an die hierarchischen Ebenen der Maya an sowie das tief im Wesen verankerte Verantwortungsgefühl jedes einzelnen Volksmitglieds für das Wohlergehen seiner Stammesbrüder und -schwestern und damit für das Volk an sich.

Inwieweit die in der Ausbildung vermittelten Werte dafür Pate stehen, wird im Folgenden zu zeigen sein.

KAPITEL 5

Die Erwähltheit der Besten
Elitebildung und -sicherung

In der Welt der Maya ist die Welt der Menschen eng mit der Welt der Götter verwoben. Die zentralen Bindeglieder sind aus der Gemeinschaft hervorgehobene Menschen, die qua Geburt oder durch besondere Leistungen eine Vormachtstellung inne haben. Allen voran sind das der König und dessen Familie sowie der ihn umgebende Hofstaat, Priester, Beamte und andere wichtige Funktionsträger. Sie alle haben einen besonderen Bezug zu den Göttern und sind damit Garanten für den Fortbestand der göttlichen Ordnung.

Ein hoher gesellschaftlicher Rang steht also nie für sich, sondern ist immer mit einer religiösen Aufgabe verbunden und bedingt automatisch eine große Verantwortung für die Gemeinschaft. Eine Elite, die für sich selbst ohne Bezug zu einem Volk auf der einen und einem göttlichen Umfeld auf der anderen Seite dasteht, ist für die Maya schlechterdings nicht denkbar. Insofern war die Maya-Aristokratie sehr viel mehr als die zeitgleich existierenden europäischen Adelsdynastien immer auch eine Bildungs- und Verantwortungselite – und verstand sich selbst auch so.

Identität und Identifikation als verantwortliche Anführer

Mit modernen, vor allem europäisch geprägten Definitionen von gesellschaftlichen Klassen, Schichten und Eliten ist der Bedeutung des Maya-Adels nicht beizukommen. Die Auserwähltheit weniger Menschen zu besonderer Führung und Macht ist im Weltbild der Maya so fest verankert, dass ein Infragestellen dieser gehobenen Position schlicht undenkbar ist. Für die Angehörigen der oberen Klassen bedeutet dies, dass ihre Vormachtstellung zu keinem Zeitpunkt durch systemimmanente revolutionäre Prozesse oder aufrührerische Tendenzen in Frage gestellt ist. Es bedeutet aber auch eine feste Integration in das Machtsystem in Verbindung mit ernst zu nehmender und ernst genommener Verantwortung für das Wohlergehen der Gemeinschaft. Einer gut funktionierenden Elite, die ihre Aufgaben erfüllt und alle Zeichen richtig deutet, sind die Götter wohlgesonnen.

Eine besondere Funktion kommt dabei dem König zu, der häufig eine Art Priesterkönig ist. Er genießt das höchste Prestige. Auf seinen Schultern lastet aber auch die größte Verantwortung. Meist erbt er die Königswürde von seinem Vater und sieht sich als Teil einer dynastischen Monarchie, deren Wurzeln weit in die Vergangenheit zurückreichen. Sein Urteil ist unanfechtbar und seine Beteiligung an Zeremonien und Riten unabdingbar. Aber er hat Helfer, die ihn in seinem Alltag und bei fast allen Amtshandlungen seines in weiten Teilen öffentlich stattfindenden Lebens begleiten:

„Die Häuptlinge regierten den Ort, indem sie die Streitfälle schlichteten, die Angelegenheiten ihrer Gemeinwesen ordneten und einrichteten; dies alles ließen sie von den Vornehmsten ausführen; besonders die Reichen, die von jenen aufgesucht wurden, gehorchten ihnen bereitwillig und achteten sie hoch.“ (de Landa, D., 1566/2010, S. 57).

Der Priesterkönig und sein Hofstaat

Der Priesterkönig ist auf einen Hofstaat angewiesen, der ihm die richtigen Instruktionen gibt, weil er die Zeichen der Götter und der Zeit perfekt interpretiert. Darüber hinaus benötigt der König Würden- und Amtsträger, die es verstehen, die Zeremonien, die zum Erhalt der göttlichen Ordnung und zur Festigung der Position der Stadt und der Menschen innerhalb dieser göttlichen Ordnung notwendig sind, beanstandungslos durchzuführen. Fehler in der Zeremonie und Fehler in der Interpretation der göttlichen Zeichen haben fatale Folgen für alle. Gut ausgebildete Spezialisten sind also unverzichtbar für den König und damit für die Gemeinschaft insgesamt, denn:

„Als irdischer Vertreter seines Geschlechts und Garant des kosmischen Gleichgewichts ist der Priesterkönig unmittelbar in den Vollzug der lebenserhaltenden Riten eingebunden. Er muss auf den reibungslosen Ablauf der Zeremonien achten und den Stadtraum so gestalten, dass er den religiösen Bedürfnissen entspricht. (...) Der allmächtige Maya-Herrscher muss sich also den kosmischen Kräften unterwerfen, muss ihnen gehorchen und sie ehren. Seine Macht wirkt nur, wenn er die Ordnung der Welt respektiert." (Taladoire, E., 2003/2005, S. 126)

Authentizität in Rolle und Aufgabe

Wir erkennen mithin eine aristokratische und eine Funktionselite in Personalunion. Sie definiert sich über Herkunft und Geburt innerhalb einer elitären Dynastie, aber auch über Leistungen, die von Personen in spirituellen, religiösen, politischen, militärischen, künstlerisch-intellektuellen und anderen Spitzenpositionen für die Gesellschaft erbracht werden. Für ein straff durchstrukturiertes Gesellschaftssystem wie das der Maya ist es von immenser Bedeutung, dass sich alle Mitglieder des Systems mit dem System an sich und mit ihrer Rolle identifizieren und in ihr aufgehen. Wenn Rollen in Frage gestellt werden, gerät das gesamte System ins Wanken.

Die Identifikation der Person mit ihrer Rolle muss stets gewährleistet sein, sowohl in der Eigen- als auch in der Fremdwahrnehmung der Person. Da sich alle, ob König, Adel, Priesterschaft, Bildungselite oder Volk, als nicht nur mit der Stadt, sondern auch mit dem religiösen Glaubenssystem eng verbunden begreifen, gilt die Prämisse der

Identifikation bis in den göttlichen Bereich hinein. In zahlreichen Zeremonien der Maya spielen Götter eine Rolle – nicht nur als Objekte der Anbetung, sondern auch als durch Menschen verkörperte physische Präsenz:

> „Die Gottkönige der Maya repräsentierten den Mittelpunkt des Kosmos, sie konnten sogar Götter personifizieren und durch rituelle Handlungen mit ihnen in Kontakt treten." (Wagner, E., 2006/2007, S. 292)

Wer als König in einer Zeremonie einen Gott darstellt, ist dieser Gott. Anders ist die Ordnung der Maya-Welt nicht aufrechtzuerhalten.

> „Der Herrscher sah sich sowohl in der Rolle desjenigen Menschen, der die irdische Ordnung aufrechterhielt, als auch in der des Gottes, welcher die kosmische Ordnung herstellte, eingeschlossen die meteorologischen, astronomischen und anderen natürlichen Phänomene, die für den Agrarzyklus von Bedeutung waren." (Wagner, E., 2006/2007, S. 292)

Funktion und Rolle werden niemals in Frage gestellt

Selbstverständlich kam dem König die wichtigste Position in diesem Gott-Menschen-Geflecht zu. Doch auch der Adel sah sich diesem Anspruch verpflichtet:

„Jedes Oberhaupt einer niederen Adelsfamilie bediente sich in der Anlage seiner Residenz und bei rituellen Handlungen derselben kosmographischen Symbole wie der Herrscher und sicherte damit den Bestand der göttlichen Ordnung in dessen Machtbereich. (...) Eine solche Stadt war ein symbolischer Kosmos und umfasste alle sozialen Einheiten, die in die Herrschaft des Königtums involviert waren: Sie war sowohl Residenz des Herrschers als auch Wohnbezirk des Adels. Jede untere Einheit, die von der darüber liegenden abhängig war, reproduzierte das kosmographische Ordnungsschema." (Wagner, E., 2006/2007, S. 292)

Die eigene Rolle und Funktion werden dabei ebenso wenig in Frage gestellt wie die der anderen. Somit richten sich das Augenmerk und die Konzentration der Elite voll und ganz auf ihre Aufgaben und deren bestmögliche Erfüllung. Sie sind Diener ihres Königs und ihrer Götter und werden dafür mit besonderem Ansehen und weltlichen Gütern reich belohnt. Ihre herausragende Stellung ist auch äußerlich deutlich zu erkennen. Ihre Kleidung hebt sich deutlich von der des normalen Volkes ab. Sie ist reich verziert und aus besonderen Materialien hergestellt.

„Kleidung und Tracht werden aus wenigen Rohstoffen gefertigt: Baumwolle, stärkere Fasern und Tierhäute. Auch die Form der Kleidung variiert kaum, denn die Webstühle erlauben nur die Herstellung von Bahnen begrenzter Breite, nur deren Länge kann variieren.

Zusammengenäht ermöglichen sie nur wenige Kombinationen. Erst durch Sticken, Färben und Applizieren wird die Kleidung der Maya-Oberschicht so bunt und reich." (Taladoire, E., 2003/2005, S. 190)

Wer was tragen darf, ist genau festgelegt:

„Das Volk muss sich mit einfachen Kleidern begnügen. Baumwolle steht nur den Adligen zu. Jaguarfelle und der Gebrauch grüner Farbe sind dem König und einigen Privilegierten vorbehalten. Gleiches gilt für Schmuck, Geschmeide und Kopfschmuck. Die normierte Kleidung legt den Rang und die soziale Ordnung fest." (Taladoire, E., 2003/2005, S. 190)

Die gleichen Regeln bestehen für Schmuck und Haartracht. In der Alltagswelt der Maya sind selbst kleinste Äußerlichkeiten wohl geordnet. Wer welchen Rang inne hat, ist an augenfälligen Merkmalen schnell zu erkennen. So werden Übergriffe und versehentliche Anmaßung vermieden.

Für die Maya ist es elementar zu wissen, welcher Familie, welcher Dynastie sie entstammen. Nicht nur der König, auch die Adligen bemühen sich, ihren Stammbaum möglichst weit in die Vergangenheit zu verfolgen und mit wichtigen und mächtigen Männern verwandt zu sein. Diego de Landa berichtet dazu:

„Mit großer Sorgfalt bemühen sie sich, den Ursprung ihrer Geschlechter zu kennen, besonders, wenn sie von einer Familie aus Mayapán abstammen; und das wollen sie von den Priestern erfahren, denn dies ist eine von ihren Wissenschaften; und sie rühmen sich ungemein der bedeutenden Männer, die es in ihren Geschlechtern gegeben hat." (de Landa, D., 1566/2010, S. 67)

Das Wissen über die eigene Herkunft dient zum einen der Einhaltung des Inzestverbotes, das auch bei den Maya Geltung hat und geachtet wird:

„Und deshalb heiratete eine Frau oder ein Mann keinen anderen mit gleichem Namen, weil dies bei ihnen als große Schande galt." (de Landa, D., 1566/2010, S. 67)

Die Elite bestärkt sich selbst

Es diente aber auch dazu, die eigene Stellung innerhalb der Gesellschaft zu unterstreichen. Maya, die den gleichen Namen tragen, behandeln einander als Verwandte. Je höher gestellt diese Verwandten sind, desto höher ist der eigene Rang einzuschätzen. Hochgestellte Verwandte manifestieren also gegenseitig den Anspruch auf Zugehörigkeit zur Elite und bestätigen ihren Rang.

De Landa beschreibt weiterhin, dass sich Maya mit gleichem Namen untereinander helfen und unterstützen, auch wenn sie einander vorher nicht kannten. Durch den Namen fühlen sie sich verwandt und füreinander verantwortlich.

Disziplin: Die regulierende Funktion von Belohnung und Sanktion

Die Gesetze der Maya sind streng. Wer Regeln verletzt, stellt sich außerhalb der Gesellschaft und muss bestraft werden. Die Todesstrafe ist überaus geläufig und wird ohne Umschweife vollstreckt. Zwar muss man die Ausführungen de Landas zu diesem Punkt sicherlich mit Vorsicht genießen, allerdings ist davon auszugehen, dass sich ein streng strukturiertes und organisiertes Gemeinwesen wie das der Maya rigider Strafen bedient, um Fehlverhalten zu sühnen. Eine zu lasche Legislative und Exekutive würden die Ordnung der Gesellschaft auf Dauer in Frage stellen. De Landa beschreibt unter anderem, wie mit Ehebrechern umgegangen wird:

„Nachdem die Untersuchung abgeschlossen und jemand des Ehebruchs überführt war, versammelten sich die Vornehmen im Haus des Häuptlings; man brachte den Ehebrecher, band ihn an einen Pfahl und überantwortete ihn dem Ehemann der schuldigen Frau; wenn er ihm vergab, war er frei, andernfalls tötete er ihn mit einem großen Stein, (den) er ihm von einem höheren Platz auf den Kopf (herabstürzen) ließ, bei der Frau reichte als Genugtuung die Ehrlosigkeit aus, die etwas Schwerwiegendes war, und im allgemeinen wurde eine solche Frau deshalb von ihrem Ehemann verlassen." (de Landa, D., 1566/2010, S. 86)

Allerdings unterscheidet die Gerichtsbarkeit zwischen arm und reich. Angehörige des gemeinen Volkes werden, wenn sie jemanden getötet hatten, im Normalfall von dessen Angehörigen umgebracht. Dieser Blutrache kann nur entgehen, wer einen Preis für den Toten zahlt. Das fällt natürlich einem Mitglied der Elite wesentlich leichter als einem einfachen Bauern. Das Gleiche gilt für Diebstähle:

> „Einen Diebstahl sühnten und bestraften sie, selbst wenn er unbedeutend war, indem sie den Schuldigen versklavten; und darum machten sie derart viele zu Sklaven, vor allem, wenn Hungersnot herrschte (...)."
> (de Landa, D., 1566/2010, S. 87)

Auch die Elite wird bestraft

Diese Regel galt nach den Beobachtungen de Landas allerdings nicht für die Oberschicht:

> „Und wenn es Häuptlinge oder Vornehme waren, kam der Ort zusammen, und nachdem man (den Verbrecher) verhaftet hatte, machte man ihm Einschnitte auf beiden Gesichtshälften vom Kinn bis zur Stirn, und diese Strafe hielten sie für etwas sehr Entehrendes." (de Landa, D., 1566/2010, S. 87)

Einer der Gründe für diese unterschiedliche Gesetzlichkeit ist sicherlich der höhere Wert, der dem Adligen innerhalb der Gesellschaft und für die Gemeinschaft zukommt. Durch seinen unmittelbaren Bezug zur Welt der Götter ist er unabdingbar für den Fortbestand der Gemeinschaft. Die Adligen sichern den Wohlstand der Stadt, indem sie die Zeichen der Götter und der Zeit richtig deuten und die richtigen Anweisungen für rituelle Handlungen geben. Sie mehren den Ruhm der Stadt, indem sie als Baumeister und Architekten Prunkgebäude bauen und eine den Göttern gefällige Stadt- und Gebäudeplanung gewährleisten. Das wird vom Volk anerkannt und nicht in Frage gestellt.

Gleichzeitig sind die Adligen im Krieg ein wichtiges Unterpfand der Gesellschaft. Sie sind begehrte Gefangene, weil ihr Blut wertvoller als anderes ist und bei einem Menschenopfer gegenüber den Göttern mehr Gewicht hat. Insofern halten sie buchstäblich „den Kopf für die anderen hin". Auch diese Opferbereitschaft wird von der Gemeinschaft honoriert.

Streben nach Perfektion – von Geburt an

Es ist davon auszugehen, dass das Bewusstsein dafür, etwas Besonderes zu sein, in den Familien der Maya-Elite zum festen Bestandteil der Erziehung der Kinder gehört. Priesterkinder und andere Nachkommen der Oberschicht lernen schon früh, dass sie eine herausragende Stellung in der

Gesellschaft einnehmen. Sie wissen, dass sie Teil eines Machtsystems sind und eines Tages selbst verantwortliche Positionen und Rollen übernehmen werden. Gleichzeitig lernen sie aber auch, dass es notwendig ist, dafür persönliche und körperliche Opfer zu bringen. Macht ist für die Maya untrennbar mit Selbstopfern verbunden. Die entsprechenden Rituale gehören zum festen Kanon der notwendigen Zeremonien und sind somit von Anfang an Teil der Lebenswelt eines Maya, der in die Elite hineingeboren wird.

Do ut des – Adel verpflichtet

Wenn der König sich – um den Gang der Jahreszeiten und die Ordnung der Welt nicht zu gefährden – selbst verletzt und sein eigenes Blut opfert, ist das eine der Leistungen, die von ihm als Führungskraft erwartet werden. Der Glanz und der Reichtum des Königs ist daher kein Geschenk, sondern eine Verpflichtung, und er muss sich dieser jeden Tag aufs Neue und mit jedem blutigen Ritual stellen. Das Gleiche gilt für die Obliegenheiten der Oberschicht. Sie wird von der Gemeinschaft nur so lange ernährt und in ihrer gehobenen Position bestätigt, wie sie ihrerseits bereit ist, Leistungen für die Gemeinschaft zu erbringen. Sei es, dass sie ihrerseits (Blut-)opfer bringt, sei es, dass sie in den Krieg zieht, sei es, dass sie ihre Arbeitskraft und ihr Wissen in den unbedingten Dienst an der Gemeinschaft stellt.

„Die Elite und die ihr verbundenen sozialen Klassen – Krieger, Priester, Handwerker oder Händler – machen nur einen kleinen Bevölkerungsteil aus, maximal fünf bis zehn Prozent. Genau genommen beteiligt sich diese Klasse kaum an der Produktion, die das Leben der Gemeinschaft sichert. Es wäre jedoch ganz falsch, sich mit dieser einseitigen Vorstellung zu begnügen. Der König und die Priester sorgen mit ihren Riten und der Kontrolle des Wetters für einen guten Verlauf der landwirtschaftlichen Arbeit. Die Krieger beschützen das Land und die Abgaben der besiegten Städte bereichern die Stadt. (…) So tragen alle zur Prosperität des Gemeinwesens bei, wenn auch die Ansprüche der Elite ungleichmäßigen Wohlstand innerhalb der Bevölkerung verursachen." (Taladoire, E., 2003/2005, S. 208)

Verantwortung treibt das Streben nach Perfektion an

Wenn Ernten ausbleiben, wenn Naturkatastrophen eintreten, wenn Kriege verloren werden, dann ist das für die Maya ein Zeichen für das Versagen der Elite. Der Kalenderpriester hat den Lauf der Zeit nicht richtig eingeordnet. Der Kriegsherr hat seinen Feldzug nicht in Einklang mit den göttlichen Gesetzen geplant. Der König hat den Göttern, die sich in den Vulkanen, in Wolken, Regen und Sturm manifestieren, nicht die nötige Ehre erwiesen. Oder er hat Fehler bei der Zeremonie zugelassen. All das wird als Abkehr von Perfektion und damit als einen Verstoß gegen die Regeln angesehen.

Damit ihr Versagen nicht den Untergang der Stadt nach sich zieht, müssen neue Berechnungen angestellt, weisere Kalenderpriester zu Rate gezogen, Kriege neu geplant, mehr oder andere Opfer gebracht werden. Die Elite reproduziert ihre Aufgabe, allerdings immer in den gleichen Bahnen. Von ihr hängt das Wohlergehen der Gemeinschaft ab. Dieses Bewusstsein wird den Angehörigen der Oberschicht in die Wiege gelegt, in der Erziehung bekräftigt und im Selbstverständnis gelebt. Damit ist ihr Führungsstil immer perfekt und immer authentisch. Eine andere Rolle, ein anderer Weg als der ihnen vorgezeichnete, ist schlicht nicht denkbar.

Eine offene Gesellschaft:
Talente können in die Elite aufsteigen

Allein aus sich heraus kann sich die Elite der Maya nicht reproduzieren. Als begehrte Kriegsgefangene und potentielle Opfer ist ihr Leben fast zu jedem Zeitpunkt bedroht, ständig dünnen Krieg und Gefangenschaft die Führungsschicht aus und reduzieren die Zahl der männlichen Mitglieder. Es muss also möglich sein, durch Leistung oder besondere Begabung Zugang zur Welt der Elite zu bekommen. Der Weg dorthin führt über Bildung. Wer ein besonderes Talent hat – eine ruhige Hand beim Bearbeiten von Steinen oder zum Schreiben feinster künstlerischer Hieroglyphen, einen Sinn für Zahlen oder künstlerisches Gespür für Formen und Farben –, der gilt als von den Göttern besonders beschenkt und auserwählt.

Die Kinder der Maya lernen früh, sich an den im Haus und auf dem Feld anfallenden Arbeiten zu beteiligen. Dabei erwerben sie Fähigkeiten und Fertigkeiten, die für ihr späteres Leben wichtig sind (vgl. Kapitel 4: Das Bildungswesen der Maya). Oft zeigen sich dabei besondere Fähigkeiten, Eigenschaften und Begabungen. Wenn festgestellt wird, dass ein Kind eine besonders ruhige Hand hat, vielleicht von sich aus mit einer Feder fein ziselierte Bilder in den Sand malt, dann wird es genau beobachtet. Erweist sich das Talent als groß genug und ausbaufähig, dann kann aus dem einfachen Bauernsohn ein Gelehrter und Schreiber werden. Wenn ein Mädchen, das von seiner Mutter das Weben einfacher Stoffbahnen gezeigt bekommt, von sich aus kunstfertige Varianten erdenkt oder Stoffreste auf kunstvolle Weise mit Perlen bestickt, dann kann sie aufsteigen und ihre Fingerfertigkeit und ihr künstlerisches Geschick als erwachsene Frau den adligen Familien der Stadt zur Verfügung stellen. Damit wachsen ihr Ansehen und ihre Position.

Anders als ein Mann kann sie aber ihr Prestige normalerweise nicht direkt an ihre Nachkommen weitergeben. Allerdings ermöglicht ihr die Nähe zur Elite eventuell eine Heirat mit einem Angehörigen der Oberschicht, der dann natürlich aufgrund der männlichen Erbfolge auch ihre Kinder angehören würden.

Ein besonderes Talent ist bei den Maya gleichbedeutend mit einer besonderen Beziehung zur göttlichen Weltordnung. Wer dafür ausersehen ist, darin einen besonderen Platz einzunehmen, wird in dieser Rolle gefördert. Auf diese Weise erneuert sich die Oberschicht immer wieder durch begabte Mitglieder des Volkes. Allerdings ist es schwer für Angehörige des einfachen Volkes, in der Welt der Elite Fuß zu fassen. Da Wissen nicht als eine in einem langen Bildungsprozess erworbene Qualität angesehen wird, sondern als Ergebnis einer individuellen Beziehung zur göttlichen Welt, sind nur besonders befähigte Kinder und Erwachsene in der Lage, sich schnell und unkompliziert in die für sie neue Welt der führenden Köpfe einzufinden.

Das System der Auswahl der Führungselite qua Herkunft und durch besondere Begabung bestimmt die Gesellschaft der Maya über viele Jahrhunderte. Es stellt sicher, dass das Wissen und Know-how über die Organisation, Verwaltung und Steuerung eines großen Volkes weitergegeben und bewährte Maßnahmen beibehalten werden. Aber es gewährleistet auch, dass immer wieder frisches Blut in die Führungselite einzieht, dass sich die Familien, aus denen sich das Management der Maya-Stadt rekrutiert, immer wieder durch extrem begabte Mitglieder des gemeinen Volkes verjüngen. Diese vererben mit Glück ihre Talente an ihre Nachkommen, die dann ihrerseits als Mitglieder der Elite aufwachsen.

Die ständige Verjüngung und Rekrutierung von Nachwuchsführungskräften ist auch deswegen unabdingbar, weil sich die religiöse Welt der Maya immer weiter verästelt und ausdifferenziert. Besonders in der reiferen Maya-Gesellschaft diversifiziert sich die Priesterschaft durch die Weiterentwicklung der Göttervorstellungen. Übernatürliche Wesen und Geister bekommen mit der Zeit den Status von Göttern und wollen entsprechend verehrt und beachtet werden. Entsprechend muss sich die Priesterschaft immer weiter spezialisieren:

„Jeder Gott hat seine Kultstätten, Riten und besonderen Zeremonien. Ix Chel beispielsweise wird besonders in Cozumel verehrt. Diese Diversifizierung erfordert mit ihrem jeweiligen Kult eng vertraute Priester. Zu den bereits erwähnten Spezialisten gesellten sich neue Priester. Die Kaste wächst, auch ihr politischer Einfluss nimmt zu und neutralisiert die Machtpositionen von Adel und Kriegern. Das Prinzip kollegialer Machtausübung geht aus dieser Entwicklung gestärkt hervor, wenn auch die Priester fortan die Wahl der Herrschenden stärker beeinflussen können." (Taladoire, E., 2003/2005, S. 147)

Die Elite der Maya ist in sich fein gegliedert. Wer sich im engsten Umfeld des Königs aufhält und womöglich mit ihm verwandt ist, ist aufgrund seiner Herkunft höher gestellt als ein Wissenschaftler oder Intellektueller, der seinen Status in erster Linie einer besonderen Begabung verdankt. Auch Schreiber und Bildhauer gehörten – obwohl eigentlich Handwerker – zur Elite.

> „Ausgrabungen haben gezeigt, dass eine Adelsresidenz von Copán Wohnstätte eines Schreibers war. Er konnte aufgrund der Originalität seiner bemalten Vasen identifiziert werden. Darstellungen dieser Verantwortungsträger sind sehr häufig. Sie sind auf Vasen im Codex-Stil abgebildet, auch eine Zeichnung des Codex Grolier zeigt sie. Auch Figurinen greifen das Motiv des Schreibers auf. Für eine Zivilisation, die Geschriebenem so große Bedeutung beimisst, ist das keine Überraschung, jedoch beweist es die vollkommene Integration der Schreiber in die herrschende Elite." (Taladoire, E., 2003/2005, S. 228)

Die Tatsache, dass sich auch die Schreiber blutigen Ritualen unterwerfen mussten, um ihre Arbeit in den Augen des Volkes kompetent und in denen der Götter wohlgefällig zu verrichten, spricht ebenfalls für ihre Zugehörigkeit zur Führungselite:

> „Finally, there is evidence that the scribal class underwent shamanic rituals in order to imbue their artistic creation with a sacredness that could only be evoked by divine intervention. In many traditional societies the act of artistic creation would have been hedged about by

both rituals and taboos in order to ensure that the creator does not taint the artistic process. (…) This bodily purification often culminates with the expulsion of bodily fluid (e.g., vomiting, bleeding, fasting, etc.) to ensure the pure, controlled state of the individual is transferred to the artistic piece." (Kidder, B.B., 2009, S. 8)

Es ist davon auszugehen, dass auch bestimmte Handwerksberufe, Heiler und Händler innerhalb der Maya-Hierarchie höher angesehen waren als das Gros der gewöhnlichen Bauern. Zur eigentlichen Führungselite gehörten sie allerdings nicht.

„Nicht jedem ist es gegeben, Heilkräuter zu erkennen, nicht jeder beherrscht die Herstellung von Tongefäßen. Folglich können sich Spezialisten im Schoß der Gemeinschaft besonderen Tätigkeiten widmen: Der eine wird Töpfer, eine andere Weberin, ein Dritter versteht Steine zu behauen. Genaue Pflanzenkenntnis macht es möglich, die Rolle des Heilers, vielleicht des Medizinmanns zu übernehmen. Folglich werden aus Häusern Werkstätten, wie ausgegrabene Spuren erkennen lassen." (Taladoire, E., 2003/2005, S. 205)

Da die Maya kein Geld im modernen Sinne kennen, erfolgt die Entlohnung für diese Spezialleistungen immer in Naturalien. Im Rahmen der Tauschwirtschaft bekommt jeder, was er benötigt. Der Erwerb großer Reichtümer ist freilich innerhalb der Tauschgemeinschaft nahezu unmöglich.

Auch das System von Zins und Zinseszins ist den Maya nicht bekannt. De Landa beschreibt ihre Wirtschaftsform wie folgt:

„Sie borgten, verliehen und bezahlten höflich und ohne Wucherzinsen. Mehr als alle übrigen waren die Bauern und jene, die den Mais und andere Feldfrüchte ernten; diese bewahren sie in sehr schönen Kornspeichern und Scheueren auf, um sie zu einer günstigen Zeit verkaufen zu können." (de Landa, D., 1566/ 2010, S. 64).

Innovation und Tradition

In der Kunst und Architektur zeigen sich im ganzen Maya-Gebiet erkennbare, einheitliche Grundzüge; sowohl Schrift als auch Formensprache ähneln sich über die Jahrhunderte und über weite räumliche Distanzen.

Trotzdem findet immer und überall auch Innovation statt. Es wird nie bloß starr kopiert, vielmehr setzen sich Künstler, Architekten, Baumeister und Handwerker sehr bewusst mit traditionellen Werten auseinander. Sie reproduzieren nicht blind, sondern erneuern das tradierte Kulturgut und seinen intellektuellen Hintergrund mit jeder Wiederholung. Dabei streben sie nach Verbesserung und größerer Perfektion. Wenn ein Bildhauer eine Stele verziert, lässt er dabei keinen Platz ungenutzt. Von allen Seiten und bis in den Boden hinein wird der Stein behauen und mit kunstfertigen Skulpturen versehen. Ständig tauchen neue Elemente, Bilder und Zeichen auf, die die alten überlagern und ergänzen, ohne sie in Frage zu stellen.

Innovation geschieht mit Respekt auf Tradition und Herkunft. Nichts ist je ganz neu. Nichts ist je komplett überholt und über Bord geworfen. Neue Paläste werden auf den Mauern der alten errichtet. Was überbaut wird, dient als Fundament für neue, noch pracht- und machtvollere Bauwerke. Besonders gut lässt sich das bei der für die Maya immens wichtigen Schrift belegen. Zwar gibt es für jeden Laut, jedes Wort ein einfaches Zeichen. Der Schreiber oder die Schreiberin (aufgrund der Schreibtechnik stellte das Schreiben bei den Maya einen hohen Anspruch an die Feinmotorik, insofern waren unter den Schreibern durchaus auch Frauen) hatte aber bei der Darstellung von Worten und Sätzen viele Freiheiten:

„Für die meisten Zeichen gibt es neben abstrakten, einfach zu schreibenden Formen auch als Kopf oder sogar Vollfigur ausgestattete Alternativen. (...) Auf Schreibökonomie und -geschwindigkeit kam es den Maya-Schreibern also offenbar nicht an, sondern auf Schönheit und Variation." (Riese, B., 1995, S. 32)

Der Schreiber konnte folglich auf der Basis einer festen Ordnung seiner Phantasie und seinem künstlerischen Gestaltungswillen relativ freien Lauf lassen. Dadurch entwickelten sich Schrift- und Bildsprache ständig weiter, ohne ihre gemeinsame Basis und den bestehenden Kanon an Zeichen zu verlieren. Je ambitionierter der Schreiber war, desto künstlerischer wurde die Schrift:

„Und wollte ein kalligrafisch ambitionierter Schreiber einen Text zu einem wahren Kunstwerk machen, so bildete er die Zeichen als Köpfe oder gar als vollständige Figuren ab. Die ästhetische Qualität der Schrift war von großer Bedeutung, um ihren sakralen Charakter zu unterstreichen. Anders als die meisten anderen alten Schriftsysteme entstand die Maya-Schrift nicht aus der Notwendigkeit, wirtschaftliche Transaktionen festzuhalten, sondern war von Anfang an ein Medium, um sich an die Götter zu wenden oder die Herrschaft gottgleich gedachter Könige zu legitimieren." (Grube, N., 2006/2007, S. 125)

Abbildung 13: Finsternishieroglyphe, hier mit Mondgöttin und Kaninchen im Mond, Motiv auf antiker Keramikvase der Maya (Zeichnung Jens Rohark)

Sowohl die tradierte Schrift als auch die Variation stehen also im Dienste einer höheren Sache und sind Teil des Gesamtsystems, in dem alles mit allem verbunden ist. Nur wer in der Lage ist, neben der handwerklichen Fertigkeit des Schreibens und der Steinbearbeitung auch diesen intellektuellen Hintergrund mitzudenken und in seiner ganzen Wichtigkeit zu erfassen, konnte ein wirklich guter Schreiber oder Bildhauer sein. Kunst, Ritus und Wissenschaft sind nicht voneinander zu trennen. Die Angehörigen der Elite wussten um diesen Zusammenhang und lebten ihn im Alltag und in ihren intellektuellen Leistungen. Er war Teil ihres Führungsanspruchs, den sie bewusst und willentlich für sich ausgestalteten.

Das Prinzip von Thema und Variation hat das Leben der Elite auch in vielen anderen Bereichen geprägt. Auch die Architektur der Maya ähnelt sich über lange Zeiträume und trotz zahlreicher Varianten. Die Vorgabe, dass Paläste und Häuser nach dem Abbild des viergeteilten Kosmos erbaut werden, schränkt die architektonischen Möglichkeiten sicherlich ein. Sie eröffnet aber auch ein weites Feld an Varianten und Ausschmückungen. Auch hier sind es besonders die Stuckverzierungen, die jeden Palast, jeden Tempel einzigartig machen.

Anders als in der jüdisch-christlichen Tradition haben Lernen und Wissensaneignung keinen Wert an sich. Wissen gilt vielmehr als Beweis einer besonderen Rolle. Die Maya sehen Weisheit und Sachkunde als Beweis dafür, dass jemand eine besondere Beziehung zur Welt der Götter und zu ihren Gesetzen hat. Es wird von ihnen direkt empfangen.

Etwas nicht zu wissen, noch nicht vollständig begriffen zu haben, ist deswegen für die Bildungselite ein schlimmer Makel, den es tunlichst zu verbergen gilt. Ihre Außendarstellung ist in jeder Situation ihres Lebens perfekt. Ihr Urteil wird nicht angezweifelt und von ihnen selbst auch – einmal ausgesprochen – nicht mehr in Frage gestellt. Die besondere Begabung der Maya für Mathematik und Zahlenmystik kommt dieser Weltsicht sehr entgegen. Mathematische Gleichungen sind absolut gültig und beliebig reproduzierbar. Auch die Zählung von Tagen, Wochen, Monaten und Jahren ist eine überprüfbare Wissenschaft. Das hohe Ansehen der Kalenderpriester unterstreicht die Bedeutung, die deren Wissensschatz für die Maya hat. Ihr Wissen ist die Grundlage für Rituale und Zeremonien für Saat und Ernte und für viele andere wiederkehrende Handlungen. Durch korrekte Berechnungen stellen sie sicher, dass die göttliche Ordnung, als deren Teil sich die Maya begreifen, eingehalten wird.

In die Verantwortung der Kalenderpriester fällt nicht nur die richtige Zählung und Berechnung von Daten und Jahreszahlen, sie sind auch dafür verantwortlich, dass der Lauf der Welt nicht aus den Fugen gerät. Solange es Morgen und Abend wird, solange der Lauf der Sonne, des Mondes und der Sterne sich nicht verändert, haben die Kalenderpriester ihre Arbeit gut gemacht.

Bis in die heutige Zeit hinein fürchten die Maya Sonnen- und Mondfinsternisse ganz besonders: Wer weiß, ob die Sonne wiederkommt, wenn sie einmal verschluckt wurde. Was für uns als Betrachter ein seltenes Naturschauspiel ist, bei dem der Mond die Sonne verdeckt oder die Erde ihren Schatten auf den Mond wirft, ist für die Maya ein bedrohliches Szenario. Die Priester verwenden viel Mühe darauf, auch diese Ereignisse sicher vorauszuberechnen.

„Sieben Seiten des Dresdener Codex enthalten eine Tabelle, die es den Kalenderpriestern ermöglichte, die Tage zu bestimmen, an denen sich der Pfad des Mondes am Himmel mit der scheinbaren Sonnenbahn kreuzen würde. Die Kalenderpriester wussten, dass sich Sonnen- und Mondfinsternisse nur innerhalb einer Periode von 18 Tagen vor oder nach einem solchen ‚Knotendurchgang' – wie die Kreuzung von Mond und Sonnenbahn in der Fachsprache der Astronomen heißt – ereignen konnte. (...) Auch wenn viele, wenn nicht die meisten Finsternisse nicht beobachtet werden konnten, weil sie nicht über dem Gebiet der Maya sichtbar waren, so konnten die Astronomen der Maya jedoch auf die in Büchern gesammelten Beobachtungsdaten zurückgreifen, um die Zyklen der Finsternisse zu verstehen und vorherzusagen." (Grube, N., 2006/2007, S. 144)

Wenn innerhalb des von den Kalenderpriestern vorbestimmten Zeitraumes keine Sonnen- oder Mondfinsternis stattfindet oder im Maya-Land sichtbar ist, bedeutet das, dass die Priester ihre Arbeit gut erledigt haben. Das Ende der Welt ist wieder einmal abgewendet worden. Findet eine Sonnenfinsternis statt, dann ist die Welt von großem Unglück bedroht. Kriege, Missernten, Fehlgeburten, all das können Folgen einer Sonnen- oder Mondfinsternis sein. Mit ausgeklügelten Ritualen und Opferzeremonien versuchen die Priester, dem Ungemach schon im Vorfeld zu begegnen und Schaden von der Gemeinschaft abzuwenden. Wenn ein solches astronomisches Phänomen auftritt, ohne dass dadurch das Gefüge der Welt dauerhaft aus dem Gleichgewicht gerät, ist das genau deshalb ein Beweis für die Qualität der Arbeit der Kalenderpriester. Schließlich haben sie die nötigen Rituale und Riten in die Wege geleitet oder sogar selbst durchgeführt, um das Schlimmste abzuwenden.

Reste dieses Glaubens haben sich bis in unsere Tage erhalten, wie Nicolai Grube aus seinen Beobachtungen heutiger

Maya berichtet, die bei der Nachricht einer bevorstehenden Mondfinsternis in Panik geraten:

> „‚Wird Señora Luna, Frau Mond, jemals wiederkommen? Warum verlässt sie uns?‘, fragte mich ängstlich eine alte Frau, die sich gerade anschickte, in der nahe gelegenen Kirche Schutz zu suchen." (Grube, N., 2006/2007, S. 144)

Als am nächsten Morgen alles wieder beim Alten ist, ist die Freude groß:

> „Als in Señor am frühen Morgen schließlich wieder das erst fahle, dann immer kräftiger werdende Licht der Mondsichel das Überleben der Mondgöttin anzeigte, brach ein großer Jubel aus. Noch einmal hatte man großes Unglück von der Welt abwenden können." (Grube, N., 2006/2007, S. 145)

Führung als Auftrag

Der Führungsanspruch der Maya-Elite leitet sich aus ihrem besonderen Wissen und aus ihrer größeren Nähe zur göttlichen Welt ab – unabhängig davon, ob sie in die Elite hineingeboren wurden oder ob sie aufgrund besonderer Fähigkeiten in die Führungsschicht aufgestiegen sind. Ihre Position, ihr Wissen ist unanfechtbar. Wenn die Oberen versagen, sind die Folgen immer katastrophal.

Missernten bringen Hungersnöte mit sich, die auch die Führungselite selbst betreffen. Naturkatastrophen bedrohen Städte und das Ackerland. Kriege sind zwar akzeptierte Mittel der Politik, aber eben gerade für die Elite besonders gefährlich. Die Maya-Oberschicht hat also ein starkes Eigeninteresse daran, möglichst gute Ergebnisse zu erzielen.

Verantwortung ist eine Schlüsselkompetenz

Als Bindeglied zwischen Volk und göttlicher Welt trägt die Maya-Elite eine große Verantwortung für die Gemeinschaft, die ihr schon sehr früh mit auf den Weg gegeben wird. Der Sohn des Kalenderpriesters sieht, wie wichtig es seinem Vater ist, Sonnen- und Mondfinsternisse und andere besondere astronomische Konstellationen sicher vorauszusagen. Der Sohn des Architekten lernt, dass die richtige Ausrichtung eines Gebäudes, die Abbildung der göttlichen Ordnung in ihm wichtiger sind als Bodenbeschaffenheit und logistische Herausforderungen während der tatsächlichen Bauphase. Als Manager sind die Angehörigen der Maya-Elite nie nur für einen Teilaspekt verantwortlich, sondern immer auch für das große Ganze.

Maya-Führungskräfte identifizieren sich voll und ganz mit ihrer Aufgabe und mit ihrer Verantwortung für das kosmische Weltgefüge. Diese Verantwortung wird nicht als Last empfunden, sondern als Selbstverständlichkeit. Eine andere

Haltung als die durch Erziehung und kulturelle Herkunft vermittelte ist im Weltbild der Maya nicht denkbar.

Um diesem Anspruch gerecht zu werden, ist ein großes Maß an Disziplin vonnöten. Dieses wird den Mitgliedern der Führungsschicht schon sehr frühzeitig vermittelt. Mit dem großen Vorbild des Gottkönigs vor Augen, der coram publico schmerzhafte Selbstopferungsriten durchführt, ist ihnen die große Verantwortung, die sie übernehmen werden, bereits in der Kindheit bewusst. Disziplin und Achtung vor dem anderen, gepaart mit einem sicheren Gefühl für die eigene Position innerhalb der gesellschaftlichen Hierarchie, prägen die Erziehung des Führungsnachwuchses. Er lernt von Kindesbeinen, sich nicht als Individuum, sondern als Teil der Gemeinschaft und Angehöriger seiner Klasse zu begreifen.

Der damit einhergehende Führungsanspruch ist für die Angehörigen der Elite selbstverständlich. Als Wissende ist es ihre Pflicht und Schuldigkeit, Entscheidungen zu treffen und Vorgaben zu machen. Wer durch Geburt oder Begabung zum Führungsnachwuchs bestimmt ist, übernimmt widerspruchslos die ihm zugedachte Verantwortung. Über mangelnde Akzeptanz in der Bevölkerung muss er sich keine Sorgen machen: Wer die Last der Führung auf sich nimmt, wer der Welt der Götter so nahe ist, dass er deren Zeichen erkennt und deuten kann, ist als Führungskraft unangefochten. Er wird geachtet, und seine Anweisungen werden befolgt.

Dieser hohe äußere und innere Anspruch an die Führungselite setzt ihre Angehörigen unter einen enormen Druck.
Sie fühlen sich tatsächlich dafür verantwortlich, die
Umwelt, wie sie die Maya kennen, in ihrem gewohnten
Gang zu halten. Der Wechsel der Jahreszeiten, die Wiederkehr von Tag und Nacht, der Gang der Gestirne sind keine
für sich zu betrachtenden Naturphänomene, sondern Teil
der kosmischen Ordnung, die unter anderem durch die
Arbeit der Priester und Gelehrten im Lot gehalten wird.
Wenn diese Arbeit dauerhaft misslingt, wenn die Regeln
der Götter falsch interpretiert werden, hat das fatale Folgen. Wenn alles normal verläuft, wenn Sonne, Mond und
Sterne sich an ihre gewohnten Bahnen halten, wenn Som-
mer und Winter wie berechnet eintreten, wenn der Kreislauf von Saat und Ernte funktioniert, bedeutet das, dass
Priesterschaft und der Gottkönig die richtigen Entscheidungen getroffen haben, dass die richtigen Opfer gebracht
wurden und dass alles im Einklang mit den Vorgaben und
Vorstellungen der Götter steht.

Immer das große Ganze im Blick

Trotz ihrer Spezialisierung auf bestimmte Fachgebiete sind
die Führungskräfte der Maya in ihrer Sicht auf die Welt nie
auf eine bestimmte Disziplin eingeschränkt. Im Denken
und im Weltbild ihrer Kultur ist die Tatsache, dass alle
Dinge eng miteinander verflochten sind, fest verankert.
Dieses große Ganze wird also bei jeder Entscheidung, bei

jedem Denkprozess stets mit einbezogen. Deswegen verlieren ihre Mächtigen nie den Blick für die kosmische Ordnung und die Verantwortung, die sie für ihr Volk und ihre Stadt haben.

Als Führungskräfte sind sie eingebunden und unabhängig zugleich. Diese Dialektik wird innerhalb der Familien und in den Führungsteams vorausgesetzt und gelebt.

Kooperative Führung als kosmische Notwendigkeit

Nicht nur die einfache Bevölkerung, sondern auch die Elite der Maya ist in ihren Aufgaben hochspezialisiert. Um trotzdem bei jeder Entscheidung alle relevanten Umstände und Gegebenheiten richtig zu interpretieren und keinen Gott, keinen Teil der kosmischen Ordnung zu vernachlässigen, muss die Maya-Elite miteinander kooperieren. Priester konzentrieren sich jeweils auf wenige Götter und bestimmte Riten. Kalenderpriester kennen natürlich alle Zählungen, sind aber Spezialisten für einen bestimmten Bereich. Um bei wichtigen Entscheidungen und Planungen die gesamte kosmische Ordnung im Blick zu behalten, muss sich die Führungselite gegenseitig unterstützen und beraten.

Alle lernen permanent vom anderen und respektieren fremde Sachkenntnis und Meinungsführerschaft, weil das Wissen stets im Dienste der höheren Sache, nämlich der kosmischen Ordnung und der Prosperität des Gemeinwesens steht. Die gegenseitige Beratung findet in den Palästen der Maya statt, in den sogenannten Poopol Nah, was wörtlich „Haus des Rates" bedeutet. Diesen Begriff könnte man auch als „Matten-Haus" übersetzen. Die geflochtene Matte ist das Symbol des adligen Thronsitzes. Diese gemeinschaftliche Beratung ist sehr wichtig, was man auch daran erkennt, dass der erste Monat des Maya-Kalenders Poop heißt. Die Priester benutzen zum Beraten ihr „Buch des Rates", das Poopol Wuuj.

> „Sie wussten, ob es Krieg geben würde,
> alles sahen sie mit klarem Blick.
> Sie sahen, ob Tod, ob Hungersnot,
> oder ob Streit bevorstehen würde.
> Dies wussten sie in der Tat,
> denn sie hatten den Quell der Offenbarung,
> denn sie hatten das Buch,
> das Poopol Wuuj, das ‚Buch des Rates‘,
> wie sie es nannten."
> (*Poopol Wuuj*, Kap. 49., Rohark, J., 2008, S. 235)

KAPITEL 6

Lebenslanges Lernen
Von den Besten für die Besten

Der Ruf der Maya ist legendär. Ihr Name ist untrennbar mit großen Entwicklungen im Städtebau, in der Kunst, in der Mathematik, in der Astronomie und in der Kalenderrechnung verbunden. Die straff geführte, auf die Aus- und Weiterbildung von Eliten setzende Gesellschaftsform der altamerikanischen Hochkultur wirkt bis in die Gegenwart. Zumal der berühmte Maya-Kalender im Dezember des Jahres 2012 zu Ende gehen wird: Viele, selbst rational bestimmte Menschen, fürchten sich vor dem Eintritt in das magische Jahr.

Wissensbildung und -transfer bei den Maya

Die Wissenschaft zweifelt nicht daran, dass Bildung bei den Eliten der Maya eine große Rolle gespielt hat. Um welche Inhalte es dabei ging, ist ebenfalls hinlänglich erforscht. Doch über die Form der Wissensvermittlung liegen nur wenige zeithistorische Dokumente vor.

Wer nach Antworten sucht, muss den Poopol Wuuj studieren, das Heilige Buch des Rates der K'ichee-Maya von Guatemala, und andere mesoamerikanische Codices. Er muss die im Dresdener Codex zusammengefassten Zeichnungen interpretieren. Und er muss mit geschultem Blick die stummen Zeugnisse der Hinterlassenschaft der Maya betrachten, die Stelen, und daraus Schlussfolgerungen mit Blick auf die eingangs genannte Fragestellung ziehen. Er muss ebenso einen Blick auf die Kultur der Azteken werfen, die der der Maya eng verwandt ist.

Wissenschaftlich belegt ist, dass die Kinder spätestens ab dem vierten Lebensjahr an „Schulen" übergeben werden. Dort wird Lesen und Schreiben gelehrt, Rechtskunde, Geschichte, Astrologie und Religion. Bei den Azteken gibt es zwei Arten von Schulen:

- *Calmecac* heißt die Schule, die Kindern des Adels, der Priester und höherer Staatsangestellte vorbehalten ist. Die Ausbildung ist gründlich, lang und mühevoll, es wird mehr Disziplin gefordert, als es in der Familie verlangt wird.

- *Telpocalli* bedeutet „Haus der Jugend". Es steht Kindern aus dem rangniedrigen Adel offen. Die Ausbildung ist breit gefächert und steht hauptsächlich im Dienst der Götterverehrung und der Gemeinschaft. Hier wird weniger Wert auf Disziplin gelegt.

Die Lehrer beider Schulformen stammen aus der Priesterschaft, denn nur sie besitzen die Interpretationshoheit für den Kalender und die Weisheiten der Alten. Im Unterricht wird das überlieferte Wissen des Volkes vermittelt – im Wesentlichen Arithmetik, die Lehre von der Tier- und Pflanzenwelt sowie von den Naturphänomenen und das Datieren von wichtigen rituellen, religiösen und agrikulturellen Handlungen –, und zwar ausschließlich in mündlicher Form. Heute nennen wir das ein Lehr-/Lerngespräch oder Lernen in Dialogform.

Abbildung 14: Rechenunterricht (Zeichnung Bertold Riese, 2004, S. 47)

Obwohl die Maya schriftkundig sind und über Bücher („Codices") verfügen, gibt es keine Lehrbücher im modernen Sinne. „Die Maya-Zivilisation (…) war, ebenso wie die übrigen Zivilisationen des amerikanischen Kontinents, eine orale Kultur, eine Kultur des Gedächtnisses", schreibt Carlos Rincón im Nachwort zu de Landas „Bericht aus Yucatán" (de Landa, D., 1566/2010, S. 275) und erklärt weiter: „Die mit Maya-Glyphen beschriebenen Kodizes sollten als Gedächtnisstütze dienen und die mündliche Wiedergabe bestimmter Texte vervollständigen."

Das heute unter dem Schutz der Kulturbehörde der Vereinten Nationen (UNESCO) stehende prähispanische Tanzdrama „Rabinal Achí" mag als Illustration dessen sehr gut geeignet sein. In Vorbereitung auf die Aufführung studiert der Direktor mit jedem einzelnen Bühnenakteur seine Rolle ein. Dabei darf der auserwählte Darsteller während des Einstudierens seiner Rolle keinen Text zur Hilfe nehmen. Somit ist er oder sie gezwungen, seine Rolle total zu verinnerlichen. Ähnliche Regeln stellten die Maya für die Götter darstellenden Angehörigen ihrer Elite auf. Auch sie werden gleichsam bei ihrer Ehre und Verantwortung für das Wohlergehen des Volkes „gepackt" und zur vollständigen Identifikation mit ihrer zu übernehmenden Aufgabe gezwungen.

Der soziologische Begriff der Rolle und der betriebswirtschaftliche Begriff der Funktion sind den Maya unbekannt. Ihre auserwählten Anführer spielen keine Rolle und sie üben keine Funktion aus, sondern sie sind. Nicht etwa, um einer Religion oder politischen Vorschriften zu genügen, sondern aus selbstbestimmter Identifikation, die sich wiederum aus der Verantwortung für das Wohlergehen des von ihnen abhängigen Volkes speist.

Lernkonzept im Licht der Moderne

Welch ein Unterschied gegenüber dem zeitgenössischen Verständnis von Elite und Anführerschaft! Denn Hunderte

Jahre nach dem noch immer rätselhaften Untergang der Maya-Kultur steht das Thema Elite erneut in Rede. Neben der Grundfrage, ob Eliten gut sind für eine Gesellschaft oder von Nachteil, wird deren Bildung und Ausbildung diskutiert. Vor dem Hintergrund der politisch und ökonomisch zusammenfließenden Welt sind sich die Experten einig darüber, dass allein Bildung und lebenslanges Lernen Kulturen aufrechterhalten, die Umwelt bewahren und Konflikte im Zusammenleben der Menschen begrenzen kann – sowohl im Makrokosmos auf staatlicher Ebene wie auf der Mikroebene der Familien und auf der sozialem Gestaltungswillen entspringenden Metaebene der Unternehmen. Was die wenigsten freilich wissen: Das ist alles andere als ein neuer Gedanke. Er wurde schon vom Volk der Maya gedacht und gelebt.

Nur gehen die Meinungen heute über die Form und die Inhalte der zu vermittelnden Bildung auseinander. Während Pädagogen den Ausbau des frühkindlichen Lernens in der Gruppe fordern, verlangen Politik und Wirtschaft eine bereits in der Jugendzeit beginnende Ausrichtung auf die Bedürfnisse des Arbeitsmarktes – im Prinzip so, wie es auch die Maya gehalten haben.

Möglicherweise lässt sich deshalb die aktuelle Debatte durch einen Blick auf das gesellschaftliche Konzept und die pädagogischen wie andragogischen Methoden der Maya bereichern und ihr dadurch einen neuen Impuls geben.

Denn jüngste Forschungen deuten darauf hin, dass die herausragenden wissenschaftlichen Erfolge der Maya unter anderem auf einem ausgeklügelten Bildungssystem auf der Grundlage des kontinuierlichen Lernens der Besten von den Besten beruhten. Nicht die Wissenschaft als l'Art pour l'Art stand in höchster Gunst, sondern der Wissenstransfer von Alt nach Jung, von einer Generation an die nächste, um das Überleben der Gemeinschaft zu sichern.

Schriftliche und darstellerische Überlieferungen der Maya legen nahe, dass lebenserfahrene Lehrende und lebenswillige Lernende einen Bund schlossen, um gemeinsam ein Thema zu erkunden und für sich und für andere zu erschließen. Der Orientierungsüberschuss der Lehrenden bezog sich auf das Fachwissen und die Feldkenntnisse, weniger auf die Entwicklungspsychologie der Lernenden. Anders formuliert: Bei den Maya waren Wissens- und nicht Rollenhierarchien Kennzeichen der Vermittlung von Lehrinhalten, weil es eben keine Rollen im modernen Sinne gab. Schüler und Lehrer interagierten auf Augenhöhe, die Wissenserschließungs-, -umsetzungs- und -fortschreibungserfahrungen der älteren Lehrer waren anerkannt und wurden von den jüngeren Lernenden akzeptiert.

Auf diese Weise pflegte das in seinen Leistungen anerkannt erfolgreiche Volk der Maya eine Kultur gemeinsamen „forschenden Lernens". Dank dieses Lehr- und Lernmodells konnte sich eine menschliche Gemeinschaft über mehr als ein Millennium hinweg zu einer Hochkultur entwickeln, die ihr Ziel nicht in der Überlegenheit über andere Völker sah, sondern in der Überlegenheit des Geistes und im Überleben ihrer Kultur.

Auf der Suche nach dem Geheimnis der Wissenselite

Obwohl die Ursachen für den Niedergang der Maya-Kultur noch immer nicht zur Gänze erschlossen sind, so ist das, was die Maya in ihrer klassischen Periode geschaffen und vollbracht haben, mittlerweile umfänglich bekannt. Es kann modernen Gesellschaften und ihren Untergruppen mehr als einen Fingerzeig geben, um das Thema Bildung und Weiterbildung auf der Grundlage des Gewesenen neu zu denken.

In den zurückliegenden Jahren habe ich nach Spuren gesucht, die das Bildungskonzept der Maya erhellen und die – abgesehen vom Grundrauschen kriegerischer Auseinandersetzungen – die Jahrhunderte während soziale und ökonomische Stabilität dieser Hochkultur begründen. Zahlreiche Reisen führten mich nach Mexiko, nach Guatemala und Belize, zu den historischen Stätten der Maya und zu den Nachfahren dieses geheimnisvollen Volkes. Jens Rohark, mehrsprachiger Linguist, Reiseführer, Buchautor und derzeit der profundeste Kenner von Maya-Kultur und -Lebensweise, stand mir dabei dankenswerterweise als Begleiter zur Seite. Er lehrte mich, das von ihm übersetzte Poopol Wuuj zu lesen und richtig zu verstehen und die

Zeichnungen des Dresdener Codex korrekt einzuordnen. Jens Rohark führte mich zu entlegenen Stelen, auf denen Maya bei der Arbeit auf dem Feld, bei der Anbetung der Götter, bei der Interpretation des Kalenders zu erkennen waren. Und ebenso beim Lernen und Lehren, beim Erwerb und bei der Weitergabe von Wissen. Dank seiner Unterstützung fand ich letztlich, wonach ich gesucht habe.

Das straffe System, in und mit dem die Maya ihre Eliten gebildet und gefördert haben, macht nachdenklich und lädt zu Vergleichen mit der Jetztzeit ein. Auch in unseren modernen Gesellschaften beanspruchen Eliten die Führungsrolle, auch wir messen Bildung und Ausbildung der Besten eine hohe Bedeutung bei. Trotzdem bleiben die Ergebnisse, die Leistungen und das Verhalten der Führenden oft hinter den an sie gerichteten Erwartungen zurück.

Deshalb ist zu fragen: Gibt es womöglich etwas, das wir im Hinblick auf die Bildung der Elite von den Maya lernen können?

Die Ausgangshypothesen

Ich gehe bei meinen Überlegungen von folgenden Prämissen aus:

1. Eine stabile und nachhaltig erfolgreiche menschliche Organisation, sei es eine zielgerichtet arbeitende

Gruppe wie zum Beispiel ein Unternehmen oder ein ganzes Volk wie das der Maya, braucht eine straffe Erziehung und permanente Weiterbildung der Führungen auf allen Stufen.

2. Elite muss systematisch herangebildet und mit der Führung einer Hochkultur beauftragt werden.

Im Rahmen der Grundausbildung der Maya-Elite in der Adoleszenz wurde das Lernen als gegenseitiger Prozess von Lernendem und Lehrer betrachtet. Das ist so zu verstehen: Nicht nur der Schüler lernt von seinem Unterweiser, sondern auch der Lehrer lernt von seinem Schüler. In dieser dialektischen Form hat sich das Wissen der Maya bei aller inhaltlichen, der Tradition geschuldeten Permanenz weiterentwickelt.

Um das angestrebte perfekte Bild des Adligen leben zu können, musste sich die Elite auch im Erwachsenenalter fortwährend weiterbilden. Die Angehörigen der Oberschicht mussten innerhalb ihrer Kreise ständig nachweisen, dass sie sich berechtigt zu den Höheren zählen konnten. Um Konkurrenz aus den eigenen Reihen abzuwehren und um ihre Überlegenheit gegenüber dem Volk nachhaltig zu demonstrieren, waren sie gezwungen, wissenstechnisch permanent „auf der Höhe der Zeit" zu bleiben.

Für die kontinuierliche Weiterbildung stehen einer Elite grundsätzlich zwei Durchführungsformen offen. Wollen sie dem Verlust von Respekt hierarchisch niedrigerer Volksangehöriger vorbeugen und Konkurrenz durch Gleichgestellte ausschließen, dann können sie als Lernort den engsten Familienkreis bestimmen. Sie können Nicht-Familienangehörige mithin vom Unterricht ausschließen und als Lehrer einen engen Vertrauten wählen, der ihren Kreisen nahe steht oder sogar selbst zur Maya-Elite gehört. Der Prozess des Lernens findet dann in einem Raum im eigenen Wohngebäude oder Palast statt und ist Dritten gegenüber nicht zugänglich.

Alternativ können sie in größeren, familienübergreifenden Gruppen lernen – das würden wir heute vielleicht als „Studiengruppe" bezeichnen –, ihren eigenen Wissenshorizont durch das Wissen ihrer Mitstudierenden erweitern und andere Eliteangehörige an ihrem Wissenszuwachs teilhaben lassen. Damit laufen sie allerdings Gefahr, durch das Zuerkennengeben von Wissensdefiziten oder Verständnisschwierigkeiten ihre Mitstudierenden auf Schwächen hinzuweisen, die deren Respekt vor den hochgestellten Schülern mindern könnten.

Nach gründlicher Lektüre der zeitgenössischen Literatur und nach persönlicher Inaugenscheinnahme der in Stein gemeißelten Kulturzeitzeugen bin ich davon überzeugt, dass die Eliten der Maya diszpliniert, in gegenseitigem Respekt und in Verantwortung für das Volk in Schulen und dort in kleinen Gruppen Gleichrangiger, also kollektiv und voneinander gelernt haben. In der Lernsituation gab es kein

Konkurrenzdenken. Vielmehr einte die Gruppe ein gemeinsames und gemeinschaftliches Streben nach Wissen mit der übergeordneten Zielsetzung, das Bestmögliche für die Gemeinschaft erreichen zu wollen. Unter allen anderen Umständen wäre dieses Volk niemals in der Lage gewesen, derartige wissenschaftliche und organisatorische Leistungen zu erbringen, wie sie der Nachwelt überliefert worden sind.

Da der Prozess der Wissensvermittlung geheim war, gibt es nicht sehr viele bildliche Darstellungen der Maya dazu. Aber die wenigen Zeugnisse stützen die Hypothese.

Anhaltspunkte für die Gleichrangigkeit von Lehrer und Schüler

Schauen wir uns eine Szene aus dem Dresdener Maya-Codex an. Es sei daran erinnert, dass der Himmelsgott Itzamná als Erfinder der Hieroglyphenschrift und des Kalenders gilt. So wie er andere Götter instruiert, so muss man sich das auch bei der Ausbildung der Schreiber vorstellen. Im Dresdener Codex sieht man die Unterrichtung des Maisgottes durch den Itzamná. Auch bei anderen Szenen sieht man stets, dass höchstens zwei Schüler dargestellt sind. Große Klassen gibt es nicht.

Abbildung 15: Dresdener Codex (Zeichnung Jens Rohark)

Aufschlussreich ist nun der Hieroglyphentext. Die ersten beiden Hieroglyphenblöcke ergeben die Lesung „u nuch jol". Danach folgt der Name des Itzamná, dann ein Titel, danach der Name des Maisgottes Naal, dann wieder ein Titel. „U nuch jol" bedeutet wörtlich: „Sie vereinigen ihre Köpfe." Sie beraten also, sie diskutieren miteinander. Der Lernprozess erfolgt im Dialog, nicht als einseitige Wissensvermittlung.

Abbildung 16: Maya-Vase (The Maya Vase Database, Kerr-Archiv Nr. 1196)

Auf dieser wunderbaren Maya-Vase sehen wir eine seltene, intime Szene dargestellt: die Unterrichtung zweier Schüler durch einen Lehrer. Der Lehrer erklärt die Zahlen beziehungsweise den Kalender. Vor sich hat er einen Codex liegen. Man achte auf die Nähe zwischen Lehrer und Schüler: Ebenso wie im Dresdener Codex sieht man, wie sie „die Köpfe zusammenstecken". Ihre Augen befinden sich auf gleichem Niveau. Die Stoffvermittlung erfolgt also nicht aus der Entfernung, von einem erhöhten Katheder aus, was Abstand und Rangunterschied kennzeichnen würde, sondern auf gleichem Niveau. Und die Gesichter der Schüler drücken Konzentration aus. Sie lernen also keinen Stoff auswendig, sondern setzen sich aktiv mit dem Lehrstoff auseinander.

Anhaltspunkte für das Lernen in Kleingruppen

Ein Schreiber sitzt auf der Bank und bemalt eine Stuckmaske. Der andere, mit einer Vogelmaske verkleidet, hat einen Codex vor sich liegen und hält einen Pinsel in der Hand. Auf dem Codex sieht man die halbierte Muschelschnecke, die als Tintengefäß dient. Auf der anderen Bank sitzt ein Schreiber, der die anderen beiden kritisch beobachtet. Auch hier sind nur wenige Personen dargestellt. Es gibt allerdings auch Abbildungen, in denen größere Menschengruppen zu sehen sind.

Abbildung 17: Malender Schreiber (The Maya Vase Database, Kerr-Archiv Nr. 0717)

Dass die Ausbildung der Maya-Schreiber in kleinen Gruppen oder im Einzelunterricht erfolgte, kann man auch anders nachweisen. Die Ausbildung eines Schreibers kann nur in einem geschützten Raum stattfinden – schon deswegen, weil die Schreiber auf Papier schreiben und wertvolle Codices lesen, die nicht nass werden dürfen. Nun kann auch das Fehlen eines Elementes einen Beweis liefern. Bei den Maya fehlen ganz einfach große Räume. Räume können zwar sehr lang sein, aber sie sind maximal zwei Meter breit. Das aber bedeutet: In einem typischen Palastraum würden höchstens zehn bis zwölf Personen zusammen sitzen können. Überdies gibt es keine einzige Abbildung, auf der man sehen könnte, dass ein Schreiber an einer Art Tafel schreibt. Es sind immer nur Schreiber im Schneidersitz dargestellt, die den Codex zum Lesen oder Schreiben vor sich liegen haben.

Wenn der Schüler sehen soll, was der Lehrer schreibt, dann können sich höchstens sechs Eleven um ihn herum gruppieren. Wahrscheinlicher ist, dass es nur zwei, drei oder vier Schüler sind.

Anhaltspunkte für die Förderung von Begabung

Auch Frauen können Schreiberinnen sein. Ein Zeugnis dafür ist diese Vase, die eine Frau mit Pinseln im Haar zeigt – ein eindeutiges Merkmal der Schreiber.

Abbildung 18: Frauen als Schreiberinnen (The Maya Vase Database, Kerr-Archiv Nr. 0764)

Da die Schreiber normalerweise Männer sind, ist allein die Tatsache, dass eine Frau plötzlich ebenfalls diese hohe Funktion innehat, ein Zeichen dafür, dass sie künstlerisch sehr begabt gewesen sein muss.

Ein wichtiges Amt zu klassischen Maya-Zeiten war das des Codexhüters „aj k'ul hu'un" – „der Mann der Heiligen Bücher". Auch dieses Amt hielten normalerweise Männer inne. Jedoch gibt es mindestens eine Erwähnung einer Frau, die dieses Amt bekleidet.

Anhaltspunkte für die ständige Weiterbildung der Elite

Die Lebenserwartung der Maya betrug bei der einfachen Bevölkerung etwa 35 bis 40 Jahre, bei den Adligen 55 bis 60 Jahre. Der König von Yaxchilán namens Vogel-Jaguar war erst mit 43 Jahren gekrönt worden. Mit 48 Jahren, also für Maya-Verhältnisse im fortgeschrittenen Alter, führt er zum ersten Mal eine Vogel-Baum-Zeremonie durch, wobei er mit der Figur des Vogel-Baumes tanzen muss. Sein Sohn Regenbogen-Baum ist ebenfalls bei dieser Zeremonie dargestellt, obwohl dieser erst zarte fünf Lenze zählt. Während andere rituelle Handlungen, zum Beispiel das Blutlassritual oder die Klappenstabzeremonie häufig dargestellt werden, handelt es sich hier um die einzige, wahrscheinlich erstmalige Durchführung. Der König musste also hier einen neuen Zeremonialablauf und neue Tanzschritte, vielleicht auch eine neue Ansprache einstudieren. Der Thronerbe lernt schon mit fünf Jahren, der alte König lernt immer noch mit 48 Jahren. Dabei durfte Letzterer sich keinen Fehler leisten, denn es handelt sich um eine öffentliche Zeremonie vor den Augen der Adligen und des ganzen Volkes.

Abbildung 19: Prinz Regenbogen-Baum und sein Vater, König Vogel-Jaguar, tanzen anlässlich des Jahrestages der Krönung von Vogel-Jaguar (Türsturz von Yaxchilán, Zeichnung Jens Rohark)

Anhaltspunkte für die Wissensvermittlung an das Volk

Jede Art der Wissensvermittlung ist natürlich abhängig vom Thema und vom Stoff. Elitäres Wissen wird zweifellos im Einzelunterricht gelehrt, aber allgemeines Wissen um Mythologie und Kosmologie wird der breiten Bevölkerungsschicht in öffentlichen Ritualen vermittelt, die im Zentrum der Maya-Städte stattfinden. Somit ist die ständige Fortbildung der Bevölkerung garantiert. Als Bühne für die Zeremonien dienten die großen, breiten Treppen vor

153

den Tempeln sowie Plattformen, wie man sie in jeder Maya-Stadt findet. Diego de Landa berichtet von diesen Plattformen in Chichén Itzá. Im Bericht aus Yukatán erwähnt er die heute „Venusplattformen" genannten Bauwerke vor der Kukulcan-Pyramide:

„Vor der Nordtreppe dieses Gebäudes lagen in einiger Entfernung zwei kleine Theater aus Mauerwerk, die vier Treppen hatten und oben mit Steinplatten belegt waren; und man erzählt, dass man dort die Possen und Komödien zum Ergötzen des Volkes aufführte." (de Landa, D., 1665/2010, S. 146) Was hier de Landa als „Possen und Komödien" beschreibt, waren mit Sicherheit vor allem Inszenierungen von mythologischen Szenen und verschiedenen Ritualen.

Der Entdecker des berühmten Manuskriptes des Poopol Wuuj, Francisco Ximenez, schrieb 1722 in der Historia de la provincia de San Vicente de Chiapa y Guatemala, dass diese mythologischen Erzählungen allen Volksschichten bekannt waren: „Ich bemerkte, dass sie diese Lehre schon mit der Muttermilch aufnahmen und dass sie alle diese praktisch auswendig kannten." (Christenson, A., 2003, S. 40).

Müssen wir Elite neu denken und anders bilden?

Der Ansatz der Maya, die begabtesten Schüler besonders zu fördern und von den jeweils besten Fachleuten ihrer Zunft unterrichten zu lassen, ist in den nachfolgenden Jahrhunderten in den Hintergrund gerückt. Obsiegt hat das Ziel, allen Menschen ein vergleichsweise schmal angelegtes Basiswissen mit auf den Weg ins Erwachsenenleben zu geben. Und obwohl kein Zweifel mehr an der Notwendigkeit kontinuierlicher Weiterbildung besteht, ist der Gedanke des Lernens von den Besten noch nicht wiedererstanden. Ein Grund dafür ist die in den modernen Gesellschaften tief verwurzelte Abneigung gegen Eliten aller Art, folglich auch gegen Wissenseliten. Ein zweiter ist das mehrheitlich herrschende Selbstverständnis der Eliten als bloße Rollen- und Funktionsträger und eben nicht als Sachwalter einer bestimmten Verantwortung für die Gemeinschaft.

Der beginnende demografische Wandel mit der wachsenden Überalterung der westlichen Gesellschaften sollte Anlass geben, neu über dieses bei den Maya gepflegte und bewährte Konzept nachzudenken.

Erwachsene Menschen lernen anders

Bei den Maya existierte keine Kindheit im modernen Verständnis. Da Kinder als kleine Erwachsene angesehen wurden, gab es weder ein Bewusstsein noch eine Notwendigkeit für irgendeine Art von pädagogischen Konzepten. Um die Lehr- und Lernprozesse in der vergangenen Kultur zu erklären, kann hilfsweise die Andragogik herangezogen werden. Sie zielt im Gegensatz zur Pädagogik, die sich mit Heranwachsenden beschäftigt, auf die Bildung erwachsener

Menschen und fußt auf einer Reihe von Annahmen, wie Erwachsene lernen. (Stähli, A., 2001, Management-Andragogik I, S. 11ff.) Für den Erwachsenen ist das entscheidende Kriterium für den Sinn und Zweck des Lernens seine eigene Erfahrung. Sie ist der Prüfstein für die Gültigkeit, Akzeptierbarkeit und den Nutzen von theoretischem und praktisch verwertbarem Wissen.

In einer Kultur wie der der Maya, in der Kinder mit Erwachsenen gleichgestellt sind, wird dieser Prüfstein gleichsam vom erfahrenen Lehrer vorgegeben und sich vom Schüler widerspruchslos zu eigen gemacht. Auch hier wird wieder das Gebot der Identifikation mit dem aufgrund seines Wissens hierarchisch höher Gestellten erkennbar. Wer bei den Maya etwas lernen sollte, unterwarf sich aus Tradition und Verantwortung für die Gemeinschaft der Einsicht in die Überlegenheit des Lehrers. Das muss nicht bedeuten, dass eine abweichende Meinung unerwünscht war. Es gab nur in der kollektivistischen und auf Doktrinen beruhenden Kultur der Maya schlechterdings keine andere als die des niemals in Frage gestellten Lehrers.

KAPITEL 7

Was können moderne Führungskräfte von den Maya lernen

Elitebewusstsein, Disziplin und Verantwortung für die Gemeinschaft

Von einem untergegangenen Volk etwas lernen und, wenn möglich, in die Gegenwart übertragen zu wollen, mag Verständnislosigkeit und Kopfschütteln hervorrufen. Doch die Tatsache, dass das Volk der Maya dank seiner Grundüberzeugungen, seiner straffen Organisation und der Bereitschaft seiner führenden Mitglieder, immer wieder neu zu lernen, sich weitaus länger als das römische Reich hat behaupten können, ist Anlass genug, um nach Parallelen und Unterschieden gegenüber der modernen Wirtschaftsgesellschaft Ausschau zu halten.

Historische Anleihen haben zahlreiche Bereiche von Wissenschaft und Gesellschaft beflügelt, sei es das römische Vorbild in der Politik und Landesverteidigung oder das der griechischen *polis* in der öffentlichen Verwaltung. Wenn im Folgenden der Versuch unternommen wird, mit den konstituierenden Merkmalen der altamerikanischen Hochkultur der Maya gewiss außergewöhnliche, aber meiner Ansicht nach durchaus erstrebenswerte Benchmarks für ein funktionierendes Management in Wirtschaft und Gesellschaft zu setzen, so erfüllt dies die Forderung von

Denkern aller Zeiten, Zukunft auch aus ihrer Herkunft abzuleiten.

Anhand von sieben Thesen, die dem Maya-Denken entlehnt sind, möchte ich die Kritik an zeitgenössischem Elitehandeln und Eliteselbstverständnis aufzeigen und für Veränderungen werben.

These 1: Elite muss sich mit der Gemeinschaft identifizieren
These 2: Elite muss das übergeordnete System respektieren
These 3: Wer zur Elite gehören will, muss authentisch sein
These 4: Elite muss Disziplin haben
These 5: Elite muss sich an moralische Grundsätze halten
These 6: Führung versteht sich als innerer und äußerer Auftrag
These 7: Höchstes Augenmerk ist auf die Auswahl der Nachwuchs-
*   elite zu legen*

These 1:
Elite muss sich mit der Gemeinschaft identifizieren

Erfolgreiche Gesellschaften und in Marktwirtschaften auch deren bestimmende Teilmengen, also Unternehmen, wachsen organisch und aus eigener Kraft. Diese Kraft kann nur Wirkung zeigen, wenn sie nicht von Antipoden ausgebremst wird. Wer sich nicht als Teil der gemeinsamen Unternehmung versteht, in die er oder sie eingereiht ist und in der er oder sie verantwortlich agiert, läuft Gefahr, ihren Zielen zuwider zu wirken. Beabsichtigt oder als Folgewirkung: Wie will man eine Richtung einschlagen, die man gar nicht im Visier hat? Wie will man einen Part ausfüllen in einem Stück, dessen Inhalte, Anliegen und Überzeugungen man nicht teilt?

Persönliches Engagement, das sich vorrangig auf die eigenen Vorteile und Interessen richtet, blendet alles andere aus und hat zwangsläufig konkrete und oft nachhaltig schädliche Konsequenzen für das Gesamtsystem. Egozentrik findet selbst auf den Theaterbühnen der Welt kaum noch ernstzunehmende Verfechter. Dennoch kann die Forderung nach Verantwortungsübernahme gar nicht oft und laut genug erhoben werden. Nicht nur Schauspieler hassen Kollegen, die sich ohne Rücksicht auf die Mitspieler in den Vordergrund spielen, allen anderen die Show stehlen und so den Erfolg der Gemeinschaftsleistung aufs Spiel setzen. Auch der Wirtschaftshistorie mangelt es nicht an Egomanen und mit ihrer Hilfe angerichteten Desastern.

Der Antriebsmotor des Wettbewerbes in einer marktwirtschaftlichen Ordnung ist die Fokussierung auf den eigenen Vorteil, der durch die Kraft der „Invisible Hand" des Marktes (Adam Smith) in kollektive Wohlfahrt verwandelt werden soll. Doch an die Existenz dieser Kraft können und wollen viele Menschen nicht mehr glauben. Wer aber von ihrer Nicht-Existenz überzeugt ist, geht in Einklang mit Logik und menschlichem Wesen davon aus, dass seine Mitmenschen stets danach streben, ihren eigenen Gewinn zu mehren. Um nicht zu den Verlierern in diesem System zu gehören, macht er es genauso. Schlechte Beispiele machen grundsätzlich Schule.

Handlungsverantwortung, Führungsverantwortung – bloße Worte?

Im Spätsommer 2011 erschüttert ein Handelsskandal die Großbank UBS. Dank der unerlaubten Handlungen eines bis dato als integer geschätzten Wertpapierhändlers muss das Geldinstitut Milliardenbeträge abschreiben. Ob der Dealer letztendlich aus übergroßem Ehrgeiz, aus Allmachtsgefühlen und Überheblichkeit heraus und wirklich ganz auf eigene Kappe sich zu derart kostspieligen Wetten hinreißen ließ, sei dahingestellt. Verantwortungsvolles Handeln jedenfalls sieht anders aus. Es folgt anderen Maximen.

Nun ist das Geschäft mit Derivaten ein anerkannt heikles. Die Risiken sind gigantisch. Sie können zu enormen Gewinnen, aber auch zu ebensolchen Verlusten führen. Im Vergleich zu diesen Seiltänzen ohne Netz bieten Produktion und Verkauf von Rasenmähern oder Kartuschenfiltern wenig Glamour. Doch auch in bodenständigen Branchen ist man gegen Misserfolge keineswegs gefeit. Die wenigsten Schieflagen, in die ein Unternehmen gerät, sind die Folge rätselhafter Eingriffe und unabwendbarer Entscheidungen rachsüchtiger Götter. Blutopfer im Stil der Maya, um diese Götter milde zu stimmen, werden heutzutage nicht mehr vollzogen. Die meisten Fehler sind hausgemacht. Häufige Ursache ist Selbstüberschätzung, gepaart mit einem defizitären Verantwortungsbewusstsein. Das gilt für den mittelständischen metallverarbeitenden Betrieb ebenso wie für den weltweit aufgestellten Konzern im Bereich Automotive.

Keine Führungskraft darf es sich leisten, das große Ganze aus den Augen zu verlieren. Jeder im Unternehmen muss seine Rolle dem Erfolg des gesamten Ensembles unterordnen. Erfolgsverwöhnte Stars ebenso wie aufstrebender Führungsnachwuchs empfinden einen solchen Imperativ sicherlich oftmals als Zumutung oder Handlungsanweisung Kleingeistiger. Wer so denkt, wird letztlich an der eigenen Hybris scheitern. Menschen haben nicht nur Führungsverantwortung, sondern stehen in dieser.

Wer sich zur Elite zählt und von anderen als Führender akzeptiert werden will, muss eindeutig, immer und vorrangig die Verantwortung für den Erfolg des Gesamtsystems übernehmen. Das heißt nicht, die eigenen Interessen altruistisch in den Hintergrund rücken und sich selbst für andere aufreiben zu müssen. Vielmehr bedeutet es, zwischen diesen Polen nach einem dritten, intelligenten Weg zu suchen, auf dem beide Ziele erreicht werden können. Zwischen Schwarz und Weiß liegen unendlich viele Grautöne. Das sollte die oft schon silberhaarige Elite von heute gelernt haben und weitergeben wollen.

These 2:
Elite muss das übergeordnete System respektieren

Führungskräfte stehen in vieler Hinsicht unter denselben Herausforderungen wie Fußballspieler von der Kreisliga bis hin zur Champions League. Die einzelnen Akteure dürfen sich nicht als Solisten verstehen. Jeder Stürmer muss blitzschnell und instinktiv abwägen, ob er selber den Ball Richtung Tor schieben oder ihn doch besser dem etwas günstiger positionierten Mitspieler vorlegen soll. Es gehört zum Aufgabenbereich auch und gerade eines stets torgefährlichen Ausnahmetalents, für das Team zu kämpfen und nicht vorrangig den eigenen Platz auf der weltweiten Bestenliste im Auge zu haben. Ein Verteidiger muss die Notbremse ziehen und schlimmstenfalls die Rote Karte riskieren, wenn andernfalls der Gegenspieler mit Sicherheit zum Torschuss käme. Insbesondere die Leistungsträger einer Mannschaft haben die Verpflichtung, die Verantwortung für das gesamte Team zu übernehmen.

Anders als die über vielversprechendes Nahrungsaufkommen kommunizierenden Bienen steht Führungskräften und ihren Ausbildern ein breites Spektrum von Handlungsanleitungen zur Verfügung, mit dem sich das gemeinsame Ziel erreichen lässt. Management Education und Executive Development müssen allerdings noch viel stärker als bisher darauf hinweisen, in welcher Pflicht sich eine Führungskraft befindet. Schon seit längerem ist „die überragende Aufgabe der Business Schools (...), indifferente Führungskräfte zu hellhörigen Führungskräften zu machen, interessierte Executives in ihren Weiterbildungsplänen zu bestärken, ihr Wollen in ein Können zu verwandeln und dadurch ihre Chancen zu erhöhen, dieses Können an höherer Stelle in den Unternehmen umzusetzen." (Stähli, A., 2009, S. 3)

Doch angesichts einer immer selbstverständlicher werdenden Globalisierung ist es für den einzelnen Führungsverantwortlichen nunmehr zwingend geboten, sich nicht nur mit dem Standort des Unternehmens, an dem er arbeitet, zu identifizieren, sondern mit dem global aufgestellten Konzern. In dieser Hinsicht können die Maya durchaus als Vorbild dienen. Sie identifizierten sich sowohl mit dem größeren Stamm als auch mit der eigenen Familie. Manager erwarten Loyalität vom Unternehmen. Zu Recht. Doch Loyalität kann keine Einbahnstraße sein. Zu dieser Erkenntnis könnte dem Einzelnen die (zuweilen sicherlich schmerzhafte) Einsicht helfen, dass jeder ersetzbar ist. Bei Real Madrid kann Trainer José Mourinho aus einem Pool hervorragender Spieler wählen. Ob Kaká, Mesut Özil oder Cristiano Ronaldo aufgestellt wird, entscheidet deren aktuelle Tagesform. Verdienste der Vergangenheit sind unerheblich.

Systemisch führen heißt permanent weiterlernen

Auch im Manageralltag wäscht sich die Strahlkraft von Heldentaten immer schneller aus. „Jede Führungsposition, selbst wenn die Inhaber glauben, ihrer sicher sein zu können, muss täglich neu erobert werden. Vorgesetzte, Aufsichtsräte, Analysten und nicht zuletzt die Öffentlichkeit legen heute weit strengere Maßstäbe an die Leistung eines Managers an als noch vor wenigen Jahren. Der Erfolg von heute gilt als untere Messlatte für den Erfolg von morgen; sie zu verfehlen, wird binnen kurzer Frist mit dem Stigma und den harten Konsequenzen des Versagens sanktioniert. Kaum ein Shareholder gesteht einer Führungskraft heute noch zu, aus eigenen Fehlern lernen zu dürfen. Der Wurf muss im ersten Anlauf gelingen. Eine zweite Chance gibt es nicht." (Stähli, A., 2009, S.1)

Selbst wer das übergeordnete Ziel geringschätzt und nur den persönlichen Absturz verhindern möchte, muss sich beizeiten und angemessen wappnen. Die Verantwortung für die eigene Weiterbildung liegt heute klar bei den Führungskräften selbst. Sie müssen ihren Marktwert, ihre Employability, erhalten und steigern. „Der herrschende ‚Corporate Darwinismus' erwartet von der Führungspersönlichkeit, dass sie einen besseren Beitrag zur Erreichung der Unternehmensziele leistet als andere Anbieter. Der Manager ist folglich selbst interessiert daran, seinen Marktwert durch permanente Weiterbildung zu steigern." (Stähli, A., 1999, S. 35). Erfolgreiche Executives haben diese Botschaft verstanden.

„Executive Development" bleibt natürlich immer noch Aufgabe der Unternehmen. In der Regel bezahlen sie ja auch die Seminare und Workshops. Da verwundert es nicht, dass von den Teilnehmern eine erkennbare Leistungssteigerung erwartet wird. Allerdings lässt sich nicht alles exakt messen, was zum Leistungskatalog gehört. Gerade weiche Faktoren fallen angesichts harter Konkurrenz innerhalb der globalisierten Wirtschaftswelt durch das Raster. Zum Bildungsinhalt sollte aus meiner Sicht dringend das Buzzword „Identifikation" hinzugenommen werden.

Dieser Vorschlag ist durchaus als Appell zu verstehen – an die Unternehmen ebenso wie an die führenden Individuen. Es genügt nicht, Versagen im täglichen Business mit Sanktionen zu bedrohen. Es reicht auch nicht aus, sich mit Ehrgeiz, Freude und Biss auf die jeweils nächste Aufgabe zu stürzen. Identifikation mit dem Unternehmen und Verantwortungsempfinden sind Grundeinstellungen, die auch im hektischen Tagesgeschäft nicht verlorengehen dürfen. Zwar kann man derartige Qualitäten nicht kognitiv erlernen. Sie müssen zumindest ansatzweise in der Persönlichkeit angelegt sein. Aber Lehrende können erheblich dazu beitragen, die Wurzeln zu stärken. Und genau das sollten sie tun.

Eliten: Notwendig oder überflüssig?

Bei den Maya stand die Elite unangefochten über dem Volk. Dass es auch in unserer modernen Gesellschaft nach wie vor Eliten gibt, ist unbestreitbar. Höchst strittig dagegen ist die Bewertung dieser Tatsache. Während die einen lautstark elitärem Denken den Kampf ansagen, vertritt die Gegenseite den Standpunkt, Eliten mitsamt der für sie typischen Denk- und Handlungsweisen seien notwendig für das Überleben des Systems. Unter System wird dabei sowohl die Gesellschaft im Ganzen als auch ein Ausschnitt verstanden, wie zum Beispiel die Theaterszene, der wissenschaftliche Diskurs oder eben auch ein Wirtschaftsunternehmen. Elite als solche kann man rechtfertigen oder abschaffen wollen. Neutral sehen den Begriff heute die wenigsten. Als die Elitenforschung einsetzte, war das noch anders.

Einwände gegen Eliten als theoretisches Konstrukt fußen gern auf dem Vorwurf, sie seien egoistisch motivierte Interessenvertretungen. Ein *closed shop*, in den Zutritt nur dem gewährt wird, der den gleichen Stallgeruch vorweisen kann, die gleiche oder eine ebenso angesehene Universität besucht hat, die gleiche politische oder gesellschaftspolitische Einstellung hat, die gleiche künstlerische Richtung oder die gleiche wissenschaftliche Position vertritt wie die bereits in den Zirkel aufgenommenen Mitglieder. Dieses Argument lässt sich nicht ernsthaft bestreiten. Nur wohin führt es letztlich? Sicherlich nicht zur Beantwortung der Frage, ob Elite mehr ist als eine bloße Lobby wie andere auch.

Die frühe Eliteforschung stellte die Frage nach deren Funktion für die Gesellschaft nicht explizit. Sie nahm Eliten zur Kenntnis, ohne sie zu bewerten. Für Vilfredo Pareto,

Gaetano Mosca und Robert Michels ist die Existenz von Elite eine nicht hinterfragte Selbstverständlichkeit. Elite ist – und so sahen es die Maya ebenfalls – naturgegeben. In ihren soziologischen Studien gehen die Forscher von der Annahme aus, dass die meisten Menschen gar nicht willens oder begabt genug seien, eine Führungsposition in welchem Bereich auch immer einzunehmen. Führung aber sei notwendig, weil ein führungsloses System zum Scheitern verurteilt sei. Ihre Schlussfolgerung lautet deshalb: Ein System braucht Eliten.

Echte Elite ist nicht elitär

Elite, so verstanden, ist mithin der Kitt, der das übergeordnete Ganze vor dem Zusammenbruch schützt. Elite ist die Minderheit, von der die Mehrheit profitiert. Dafür spricht einiges. Es lässt sich in den unterschiedlichsten gesellschaftlichen Gruppierungen feststellen, dass sich nur die wenigsten Menschen in Führungspositionen zu Hause fühlen. Es ist ja auch so viel einfacher, die damit einhergehende Führungsarbeit anderen zu überlassen. Damit entlastet man sich selber und schafft sich zugleich die Möglichkeit, die Arbeit der anderen zu kritisieren. Selbstverständlich hätte man es selber viel besser gemacht ...

Zeitgenössische Eliteforscher gehen bei ihrer Argumentation von der These aus, Eliten und Elitedenken seien per se positiv, zumindest aber wertfrei. Für sie ist Elitedenken alles andere als elitär. In ihren Augen liefern (nur) die Eliten neue Erkenntnisse, Forschungsergebnisse, Innovationen und Kunstwerke. Sie schreiben die Gedichte und Romane der Weltliteratur, sie erschaffen die Exponate, um die sich die Museen der Welt und privaten Sammler bemühen, ihre Kompositionen begeistern das Publikum. Ohne Eliten herrsche in der Gesellschaft Stagnation, Langeweile, Leerlauf.

Ich teile diese Annahme. Mit einer wichtigen Einschränkung: Jede wahre Elite muss dem übergeordneten System Respekt bezeugen, in der Gesellschaft und in der Natur. Wer zu einer Elite gehört oder gehören möchte, darf nicht nur um sich selbst kreisen. Elitedenken muss auf eine nachhaltige Entwicklung sowohl der Wirtschaft als auch der Gesellschaft abzielen und die Gesetze der Natur achten. Elite muss immer auch eine im weitesten Sinne moralische Komponente beinhalten.

Fast zwanzig Jahre sind vergangen seit der UN-Konferenz für Umwelt und Entwicklung (UNCED) in Rio de Janeiro. 1992 wurde erstmalig der Begriff der Nachhaltigkeit nicht nur rein ökologisch, sondern auch sozial und wirtschaftlich gefasst. Das Wort „Nachhaltigkeit" ist seither längst zum Modewort degeneriert, das zuweilen sogar dazu herhalten muss, Arbeitsbedingungen unter dem Diktat der Kostensenkung zu verschlechtern. Nach wie vor ist das Tagesgeschäft in vielen Unternehmen weit entfernt von einem verantwortungsvollen Einsatz aller Ressourcen. Denn nachhaltiges Wirtschaften bedeutet ja nicht nur, mit dem Verbrauch von Wasser und Strom hauszuhalten, es sollte sich nicht auf Maßnahmen zur Eindämmung des Klimawandels und die Entwicklung von zukunftsfähigen Energien beschränken. Nachhaltigkeit ist mehr als Recycling und die Verminderung von Emissionen.

Für die Unternehmen beinhaltet der Auftrag, Ressourcen zu schonen, auch die Pflicht zu sorgsamem Umgang mit genuin existenziellen Komponenten wie Arbeitskraft, Einsatzfreude, Begeisterung, Zufriedenheit, Erfahrung, Wissen und Gesundheit der Mitarbeiter. Von Personalressourcen ist momentan allerdings überwiegend dann die Rede, wenn mögliche Kostensenkungen diskutiert werden. Dabei gebührt nachhaltigem Wirtschaften mit der Weiterentwicklung der wertvollen Ressource Mitarbeiter in Wahrheit ein Spitzenplatz auf der Agenda der Unternehmenslenker.

Der Vorbildfunktion gerecht werden

Ein Gottkönig der Maya musste sein Volk auch durch schlechte Zeiten bringen können. Daran, dass er das wollte und auch vermochte, hegte sein Volk keinerlei Zweifel. Auch gut geführte Unternehmen streben heute mit aller Konsequenz danach, von ihren Stakeholdern für glaubwürdig gehalten zu werden. Der Schaden in einem Konzern, der wegen Fehlhandlungen Einzelner in die Schlagzeilen gerät, wird sich nicht auf die Schnelle und auch nicht quantitativ messen lassen. Aber er ist mit Sicherheit enorm. Das Vorbild der Personen an der Spitze einer Organisation ist eines der wirksamsten Mittel, um begeisterungsfähige und leistungsbereite Mitstreiter anzuspornen. Doch wenn Executives ihrer Aufgabe offensichtlich nicht gewachsen sind, dafür aber noch mehr als fürstlich honoriert werden, dann kommen sie ihrer Vorbildfunktion nicht nach, dann verlieren sie das Vertrauen und den Respekt ihres Umfelds. Dann behalten all diejenigen recht, die immer schon wussten, dass es in einem Wirtschaftsunternehmen immer nur um den Profit, und zwar an erster Stelle den der Entscheider, geht. Und dann fragt man sich als Mitarbeiter natürlich, warum man sich selbst eigentlich so hart ins Zeug legen soll.

„Sie können sich blendend verkaufen", sagt der Schweizer Psychiater und Gerichtsgutachter Thomas Knecht über narzisstisch gestörte Manager (Büttner, J.-M., 2011). „Sie zeigen, worum es in ihrem Geschäft geht: möglichst viel für sich zu bekommen, ohne dass die anderen es merken. Ob das dann auch dem Unternehmen und den Angestellten zugutekommt, ist ihnen egal. Globalisierung und Konzentration kommen dieser Mentalität sehr entgegen, weil die Kontrolle fehlt, aber auch die Rücksichtnahme und die Bereitschaft zur Zusammenarbeit. Narzisstisch gestörte Manager funktionieren so: Sie kommen, nehmen und gehen wieder, bevor ihre Schwindel auffliegen."

Unverantwortliches Handeln, gepaart mit Inkompetenz und mangelnder Sensibilität und zu allem Überdruss noch mit dem goldenen Handschlag belohnt, stellt die Wirtschaft insgesamt an den Pranger. Macht es doch überdeutlich, dass hier eingenommene Machtbastionen honoriert werden und keineswegs Leistungen für das übergeordnete Ganze. Ebenso offensichtlich wird, dass dieses System — wenn es denn eines ist und nicht nur wenige bedauerliche Fehlwüchse — der eigentlichen Aufgabe von Managern im Weg steht: nämlich nachhaltig für das Wohl des Unternehmens zu sorgen.

Den Göttern gleich sein: Image- statt Verhaltenspflege

Intelligenz und Investment vorausgesetzt, lässt sich das Image eines Unternehmens heute in beinahe jede gewünschte positive Richtung gestalten. Ist der Ruf aber aufgrund unethischen Handelns der Verantwortlichen tief beschädigt, dann reicht Geld selten aus, um die Stimmung bei den Stakeholdern nachhaltig zu wenden. Immer mehr Unternehmer und Manager erkennen, dass die Reputation einer Unternehmung einen Wert sui generis für Aktionäre, Mitarbeiter, das Publikum und nicht zuletzt für die Kunden darstellt.

Viele Führungsverantwortliche haben ein ausgeprägtes Bewusstsein für ökologische Zusammenhänge, viele engagieren sich auch persönlich für Umweltthemen, viele haben auch ernsthaftes Interesse an gesellschaftlichen Prozessen, und sie sind sich so wichtiger Themen wie Integration und demografischer Wandel bewusst. Das ist anerkennenswert. Denn Führen unter dem Gesichtspunkt der Nachhaltigkeit bedeutet, bei den täglichen Entscheidungen immer auch zu berücksichtigen, welche Konsequenzen sich daraus für die Zukunft des Unternehmens und die seiner Mitarbeiter ergeben.

Es gehört zu den anspruchsvollsten Aufgaben eines Executive, die Balance zu halten zwischen dem Erfüllen zweier gleichermaßen vehement vertretenen Forderungen. Da ist zum einen das Gebot ethischen Handelns, dessen Befolgung für Glaubwürdigkeit im Umfeld sorgt. Und da ist zum anderen das Gebot der Wettbewerbsfähigkeit, der Mehrung des Shareholder Value.

Wenn die Zielvereinbarung der Solidarität im Weg steht

Führen ist kein bequemer Job. Zu den Grundvoraussetzungen gehören nicht nur Fairness und Gerechtigkeit gegenüber anderen, der rücksichtsvolle Umgang mit den anvertrauten Mitarbeitern, sondern insbesondere auch Solidarität. Und die zeigen moderne Manager kaum. Wenn der Begriff überhaupt thematisiert wird, dann vielfach als ein reines Lippenbekenntnis. Solidarität wird postuliert, sofern und solange konkretes Handeln nicht erforderlich wird. Denn Solidarität hat in der heutigen Unternehmenspraxis leider keinen hohen Stellenwert. Allen verbalen Forderungen nach Teamgeist zum Trotz wird der Egoismus von den Institutionen und den Unternehmen gefördert, ja gefordert. An der Spitze steht nun einmal kein Team, sondern der Chef. Und CEO wird nicht der beste Teamplayer, sondern sein Gegenpart, der Einzelkämpfer. Der ist der Durchsetzungsstärkste, der Sturste, der Gnadenloseste aus dem Pool der Anwärter. Ohne solche Charaktereigenschaften kommt man nicht weit in unserem Wirtschaftssystem. Das Prädikat „harter Hund" ist in vielen Unternehmen allen Geboten der Personalführung zum Trotz eine besondere Auszeichnung.

In öffentlichen Ansprachen, auf den Podien der TV-Sender und auf den Feuilletonseiten sowie im Wirtschaftsteil angesehener Blätter wird ständig das Wohl der Allgemeinheit beschworen. Politiker und Wirtschaftsführer inszenieren sich damit gern vor Publikum. Dabei wird immer wieder betont, wie sehr man im eigenen Haus darauf achte, dem Gedanken der Nachhaltigkeit Rechnung zu tragen. Da hebt man wortreich das Verantwortungsgefühl hervor, das man für die Unternehmung, die Kunden und die Mitarbeiter empfinde.

Nur allzu oft aber werden die eigenen Ansprüche nicht erfüllt. In der Politik stehen Lobby-Interessen dem hehren Wunsch oft diametral entgegen, im Unternehmen scheitert die beschworene Solidarität, das verantwortungsvolle Miteinanderumgehen schon allein am System der Zielvereinbarungen. Die richten sich vor allem an das Individuum. Personalgespräche sind keine Gruppenveranstaltungen.

Das erprobte Managementinstrument gilt nach wie vor als zeitgemäß. Wer die gesetzte Zahl erreicht oder gar übertrifft, ist gut. Alle anderen nicht.

Zum Hebel wird dabei die Zielvereinbarung. Leistung wird auf diesem Weg, wie Reinhard K. Sprenger schon vor mehr als zehn Jahren unterstrich, an Geld gekoppelt, aber nicht an Leistungsfreude, Zuverlässigkeit, Kreativität und Verantwortung. Leistung wird als quantitative Größe verstanden. „Zielvereinbarungen sind sinnvollerweise ein zeitlich *nach vorn* gerichtetes Steuerungsinstrument", schreibt Sprenger. „Sie sollen dafür sorgen, dass das ganze Unternehmen in eine Richtung arbeitet. Sie dienen der Bündelung der Energien, dienen der gerichteten Leistungsentstehung. So sind sie jedenfalls wohl mal gedacht worden. Abweichungen vom Ziel sind dann keine ‚Fehler' im negativen Sinne, sondern wichtige Informationen für das weitere Vorgehen, für die Kooperation." (Sprenger, R.K., 2001, S.150)

Soweit die Theorie. Da das Erreichen des Ziels in der Karrierepraxis über Aufstieg oder Abstieg entscheidet, wäre Solidarität eine möglicherweise riskante Klippe, wäre jeglicher Altruismus eines der am Wettbewerb Beteiligten selbstmörderisch. Im Zweifelsfall entscheidet man sich somit selbstverständlich für den eigenen Vorteil, für die Stärkung der eigenen Position und gegen den Mitbewerber im Hause.

Dieses Denken war den Maya, soweit das von der Wissenschaft erforscht werden konnte, vollkommen fremd. Der Einzelne stellte sich hinter die Gemeinschaft zurück, ja ging gleichsam in ihr auf und verschmolz mit ihr zu seiner Familie, zu seinem Stamm. Inwieweit diese Haltung auf Götterglauben und Naturreligion oder auf traditionelles Denken zurückzuführen ist, kann heute nicht mehr zweifelsfrei festgestellt werden. Aber dass ein wenig mehr dieser inneren Einstellung Führungskräften von heute ermöglichen würde, ihre schwierige Aufgabe mit größerem Erfolg zu lösen, darf als sicher gelten.

Deshalb ist vor ungezügelten Egoismen und der rücksichtslosen Vorrangstellung von Gruppeninteressen mit Nachdruck zu warnen. So, wie die Geschichte nicht vergisst, tragen auch Menschen und Organisationen nach. Der Anschein gehört nicht zu den starken Kräften der Natur, sondern ist von Menschen gemacht. Und er wird in jenem Augenblick von Menschen zerstört werden, wenn sie das Trugbild entlarven und ihre Hoffnung schwinden sehen, dass einer, der sich über sie erhoben hat, in Wahrheit unter ihnen zu stehen hat.

These 3:
Wer zur Elite gehören will, muss authentisch sein

Manager müssen verstehen, welchen Wert sie jetzt schon für die Gesellschaft haben und welchen sie haben könnten.

Sie dürfen ihre Bedeutung nicht nur als Rollenmerkmal interpretieren, vielmehr müssen sie als Person und mit ganzem Einsatz dahinterstehen. Sie sollten sich als Autoritäten Respekt verschaffen, ohne autoritär aufzutreten. Das ist ein Spagat, aber einer, der sich trainieren lässt. Man muss sich nur darauf einlassen.

„Wirkliche Management Excellence zeigt sich seit jeher in der Bewältigung von unternehmerischen Herausforderungen. Die notwendige Voraussetzung hierfür ist ein hohes Maß an Fach- und Führungswissen; doch fast entscheidender noch sind die persönlichen Einstellungen zum Menschen, zur Ökonomie und zur Zukunft, die Werte und damit die geistige Grundhaltung der Führungspersönlichkeit. Aus ihr wächst die moralische Verantwortung für unternehmerisches Handeln." (Stähli, 2003, S.2)

Führung verlangt vom Führenden, dass er Forderungen stellt, Ziele setzt, Handlungsanweisungen erteilt und Verhaltensregeln entwirft. Zur Erreichung all dessen braucht es Durchsetzungsvermögen, Autorität und gegebenenfalls auch Macht. Es ist ja nicht so, dass grundsätzlich alle Maßgaben eines Managers von seinen Mitarbeitern freudig und spontan erfüllt werden. In jedem Unternehmen gibt es Widerstand, offenen oder verdeckten, aktiven und passiven. Ihn gar nicht erst aufkommen zu lassen, erfordert Klugheit und Talent. Und Authentizität – die von Personalberatern als wichtigste Managertugend bezeichnete Eigenschaft.

Hans-Georg Gadamer versteht Autorität in diesem positiven Sinne nicht als „die Überlegenheit einer Macht, die blinden Gehorsam fordert und das Denken verbietet." Für den Philosophen „beruht das wahre Wesen der Macht vielmehr darauf, dass es nicht unvernünftig, ja, dass es ein Gebot der Vernunft sein kann, im anderen überlegene, das eigene Urteil übersteigende Einsicht vorauszusetzen." Wer einer solchen Autorität gehorche, habe eingesehen, dass der andere etwas besser kann als man selbst (Gadamer, H.-G., 1976, S.41f.).

Autoritative Macht ist – so verstanden – respektvoll, nachhaltig und wirkungsvoll. Zwischen den Begriffen autoritär und autoritativ besteht ein feiner Unterschied. Wer Autorität hat, braucht nicht autoritär aufzutreten. Kluge und erfahrene Führungspersönlichkeiten werden als Vorbilder akzeptiert, ihre Autorität ist eine natürliche. Sie beruht nicht allein auf Sanktionsmöglichkeiten. Der Umgang autoritativer Leader mit ihren Mitarbeitern und Kollegen ist ebenso authentisch wie der der Maya-Elite mit Angehörigen des Volkes.

Authentizität wird heute viel und oft beschworen. Dahinter steckt die oft vergebliche Forderung nach Führung, die ihrem Namen und dem Anspruch der Gesellschaft gerecht wird. Die Begriffe Autorität, Macht und Elite sind viel benutzte Schlagwörter im Topmanagement. Im Idealfall hat die Wirtschaftselite natürliche Autorität, und sie nutzt ihre autoritative Macht vorrangig zum Wohl des Unternehmens. Im Idealfall steht der Zugang zu dieser Elite allen offen, die die notwendigen intellektuellen und persönlichen Voraussetzungen erfüllen.

Erfolg ist eine Droge. Ist man erfolgsverwöhnt, kann die freiwillige und erst recht die unfreiwillige Abstinenz zu Entzugserscheinungen führen. Stellt der Erfolg sich daher nicht automatisch ein, wird nachgeholfen. Wozu gibt es das Netzwerk, wozu hat man Kontakte, wozu ist man Rotarier, und wozu spielt man schließlich Golf? Dagegen spricht zunächst einmal nichts. Wirtschaft funktioniert am besten, wenn enge persönliche Kontakte zwischen den Akteuren bestehen. Kontaktpflege ist sogar absolut notwendig. Sie darf nur nicht dazu führen, dass der Leistungsgedanke immer weiter in den Hintergrund rückt. Und eines ist eminent wichtig: Der Führungskräftenachwuchs darf auch nicht den Eindruck bekommen, es reiche schon aus, an seinem Handicap zu arbeiten, dann kämen die beruflichen Erfolge quasi von allein. Führungsarbeit ist Arbeit.

Wir alle zeigen anderen gegenüber nur jenes Bild von uns, von dem wir wollen, dass man uns so sieht. Dabei neigen wir unwillkürlich dazu, die Beobachtungsgabe und die Intelligenz unseres Publikums zu unterschätzen. Der Wert der persönlichen Authentizität wird von keiner Leistung für Staat, Wirtschaft und Gesellschaft aufgewogen. Sondern im Gegenteil: Sie erhöht unser Vermögen, Leistungen für uns und für andere Menschen zu erbringen. Gewiss, Führungsarbeit ist Arbeit. Und sie beginnt bei der Arbeit an sich selbst.

These 4:
Elite muss Disziplin haben

In den Anforderungskatalog für kommende wie etablierte Führungskräfte muss wieder die Disziplin aufgenommen werden. Die Forderung mag preußisch, alt, muffig, militaristisch und so gar nicht souverän, elegant und nonchalant anmuten. Doch Disziplin ist eine Eigenschaft mit unschätzbaren Vorzügen, gegenüber der das heute regierende Laissez-faire weit zurückfällt. Ein ganzes Jahr lässt der Executive alles laufen, beschränkt sich auf Schulterklopfen und hat keine Zeit für hilfreiches Feedback. Doch irgendwann steht das Mitarbeitergespräch an. Es fällt unerfreulich aus, keine Gehaltserhöhung, keine Erweiterung des Aufgabengebiets. Der Mitarbeiter tritt auf der Stelle, ihm sitzen die nachrückenden Konkurrenten im Nacken.

Die unbefriedigende Leistung des Mitarbeiters geht zunächst auf dessen eigene Kappe. Natürlich. Aber der Vorgesetzte trägt einen kräftigen Teil der Schuld, denn er hat seine Führungsaufgabe grob vernachlässigt. Er hat schlecht geführt. Unter dem Druck der eigenen Aufgaben konnte er nicht die Disziplin aufbringen, ebenfalls die Verantwortung für die Leistung des Mitarbeiters zu tragen und diese Leistung einzufordern und zu kontrollieren. Gute Führung ist aufwändig, sicher, aber ohne gute Führung kommen gute Ergebnisse auf Dauer nicht zustande.

Qualitäten falsch gewichtet

Zur Entlastung kann man vorbringen, dass Verantwortungsträger heute oft überlastet sind. Neben ihren Führungsaufträgen müssen sie sich auch noch um das operative Geschäft kümmern, Leistung bringen, Gewinne vorweisen. Bei dieser Doppelbelastung wird es auch bleiben, solange der finanzielle Erfolg in den Augen des Topmanagements mehr zählt als Führungsqualitäten, die ja nur indirekt erfolgswirksam sein können. Das Ergebnis operativer Tätigkeit lässt sich in griffige und vergleichbare Zahlen fassen. Persönliche Eigenschaften und Attitüden, ein guter Führungsstil und Bereitschaft zur Übernahme von Verantwortung sind weiche Kriterien, die sich gegen eine Quantifizierung sperren.

In der Gestaltung und Optimierung des operativen Geschäfts ist man vielerorts sehr flexibel und lernfähig. „Erfolgreiche Unternehmen antizipieren Veränderung und passen sich ihr immer wieder aufs Neue an. Die Führungskräfte dieser erfolgreichen Unternehmen haben – häufig unter Schmerzen – gelernt, dass der starre Blick auf Bilanzen, Kennzahlen und Analysen letztlich zum Stillstand im

Unternehmen führt. Stattdessen halten sie Ausschau nach neuen Ideen, neuen Produkten und neuen Märkten. Sie lieben die Herausforderung und wollen Menschen und Märkte bewegen. Stillstand ist für sie gleichbedeutend mit Rückschritt (Stähli 2003, S. 2). Empfehlenswert wäre es, diesen Elan auch auf andere Unternehmensbereiche zu übertragen.

Damit allein ist es allerdings auch noch nicht getan. Es gilt, einer weitverbreiteten Unsitte den Garaus zu machen: der Methode *quick and dirty*. Halbherzige Lösungen und das Stopfen von Löchern für kurze Zeit verdecken nur mühsam, dass Probleme nicht angegangen, sondern nur umgangen werden. Man weicht einer grundsätzlichen Erneuerung, einer Richtungsänderung aus in der Hoffnung, dass sich das Ungemach wie eine Unwetterfront verzieht.

Doch Gesellschaften wie einzelne Unternehmen vertragen auf Dauer keine halbherzigen Lösungen. Wenn nicht das Richtige richtig getan wird, drohen sie zu kollabieren. Von Executives wird erwartet, Lösungen zu finden. Aber das heißt nicht, dass die gerade verfügbare, die nächstgelegene Lösung auch die beste ist. Bei Notlösungen liegt die Betonung auf Not, nicht auf Lösung.

Die lange Zeitrechnung der Maya stößt eklatant gegen das in modernen Unternehmen weitverbreitete Projektdenken. Wenn ich weiß, dass ich in vier Monaten liefern muss, dann versuche ich, Abkürzungen einzuschlagen. Unter großem

Druck übersehe ich vielversprechende Nebenaspekte, auf die mein Team im Zuge der Arbeit stößt. Projekte sind notwendig, Projektkurzfristdenken ist die unerlässliche Folge, aber es trübt den Überblick. Diesem Manko lässt sich entgegenwirken, indem man steuert und nicht treibt, mit sorgfältigem Controlling und dem gerühmten Blick auf das große Ganze.

Sich bei all den weitreichenden Herausforderungen der Gegenwart den Blick für das Kleine im Großen zu bewahren, zeugt von Klugheit und Meisterschaft. Der französische Feldherr Napoléon I. wusste das, als er seine Generäle aufforderte: „Soignez les détails!" Auch das Bonmot, wonach Genie 99 Prozent Fleiß und ein Prozent Inspiration sei, wird einem bedeutenden Menschen zugeschrieben, nämlich dem Physiker Albert Einstein. Wären sie zu solcher Größe gelangt, wenn sie nicht auf die kleinen Dinge geachtet hätten, aus denen sich Größe zusammensetzt?

These 5:
Elite muss sich an moralische Grundsätze halten

Und damit sind wir wieder beim Ausgangspunkt dieses Kapitels. Unlösbarer Bestandteil der Führungsaufgabe ist die Verantwortung für die gemeinsame Unternehmung, für das Wohl der Gemeinschaft. Manager genießen Privilegien. Sie erfüllen eine wichtige Funktion, sie dürfen entscheiden, sie dürfen Gewichte verschieben. Dafür gebührt ihnen, sofern sie gute Arbeit machen, hoher Respekt. Aber eben nur dann. Denn die Rolle des Verantwortlichen muss der Einzelne auch annehmen, ausfüllen, leben. Wer sich um Führungsaufgaben bewirbt, sollte Freude an der Übernahme von Verantwortung haben. Nur wenn er Verantwortung akzeptiert und übernimmt, stehen ihm die Privilegien, die er genießt, auch zu.

„Wenn der Kapitalismus für nichts anderes mehr da ist, als ununterbrochen mehr Kapital zu produzieren, dann wird das Geld zum zentralen Selbstzweck der Unternehmen, des Managements – und schließlich der ganzen Gesellschaft. Habgier als zentraler Wert einer Gemeinschaft kann nur im Zusammenbruch der gesellschaftlichen Ordnung enden. In dieser Situation rückt die Wertorientierung der Führungskräfte an eine zentrale Stelle: sie bestimmen, nach welchen Regeln das ökonomische Alltagsleben abläuft, sie geben vor, welche Ziele verfolgt werden, und sie dienen als gesellschaftliche Vorbilder. Sie tragen damit eine Verantwortung, die weit über die Gewinn- und Verlust-Rechnung hinausgeht." (Wildemann, H., 2003, S. 24)

Eine Frage der Moral

Wenn sich unter den tosenden Wellen des Wettbewerbs immer mehr Unternehmer und Executives mit unlauteren

Mitteln vor dem Zusammenbruch zu schützen suchen oder sich geldwerte Vorteile verschaffen, dann ist die normative Kraft des Kant'schen Kategorischen Imperatives – „Handle nur nach derjenigen Maxime, durch die du zugleich wollen kannst, dass sie ein allgemeines Gesetz werde" – in der Wirtschaft verblasst, wenn nicht sogar geschwunden. Man mag lamentieren, man kann kommentieren, aber man muss es als Faktum hinnehmen.

Marktmacht stellt nicht frei von jeder Moral. Dennoch ist die Frage nach der Führungsverantwortung eines Managers nicht grundsätzlich zu beantworten. Sie hängt vom geltenden gesellschaftlichen Wertekanon sowie von der individuellen Auslegung desselben durch die Führungskraft ab. Horst Wildemann analysiert mit klarem Blick: „Das Ziel Gewinn steht unverrückbar fest. Der Weg dorthin ist vogelfrei. Die Fixierung auf das monetäre Ziel und die Freiheit bei der Wahl der Mittel sind die Stärken des marktwirtschaftlichen Systems – und die Schwächen." (Wildemann, H., 2003, S. 24)

Überdies: Wer nicht gegen die Gesellschaft, sondern mit der Gesellschaft arbeitet, handelt ökonomisch im besten Sinne: Er investiert seine Energie, die er andernfalls für Überredung, Vertuschung und Strafabwehr aufwenden müsste, in die Suche nach kollektiv akzeptierten Denk- und Handlungsweisen.

Angestellte Manager orientieren sich an ihren Zielen. Wenn die Spitzenplätze auf der persönlichen Prioritätenliste mit dem Erreichen eines möglichst hohen Jahreseinkommens und dem Erhalt möglichst hoher Tantiemen belegt sind, dann liegt das Wohl der Unternehmung bestenfalls auf Platz drei. Das ist nicht angemessen. Ein Blick auf das Verantwortungsbewusstsein in kleinen und mittleren Unternehmen wäre hilfreich. Anders als ein Konzern werden kleine und mittelgroße Unternehmen von Männern und Frauen geführt, die in der Regel eine persönliche Bindung an ihre Gesellschaft haben, die sich mit deren Zielen identifizieren und die bei allen Handlungen an das Wohl der größeren Einheit denken.

Klein, aber gesund

Eigentum verpflichtet in den meisten Fällen zumindest zu dem Willen und dem engagierten Versuch, das Unternehmen gesund zu erhalten. Dass dies nicht immer gelingen kann, steht auf einem anderen Blatt. „Wer ein kleines oder ein mittelgroßes Unternehmen führt, ist sui generis an dessen Fortbestand interessiert, denn es ist mit seiner Existenz und mit seiner Person verbunden." (Stähli, A., 2006, S. 5) Dass es auch in kleinen und mittleren Unternehmen um Erfolg und möglichst nachhaltig erzielbaren Gewinn geht, muss in einer Marktwirtschaft nicht diskutiert werden.

Der Mangel an Größe führt zu einem Vorteil im Wettbewerb, den sich die kleinen und mittelgroßen Betriebe immer wieder ins Bewusstsein rufen sollten. *Small is Beauti-*

ful unter anderem deshalb, weil die besondere Nähe des Unternehmers zu den Mitarbeitern eine besondere Intensität der Verantwortung entstehen lässt. Einem Mitarbeiter gegenüber, den man beim Namen kennt, dessen Vater vielleicht schon im Betrieb gearbeitet hat, um dessen Familienverhältnisse man möglicherweise ebenfalls weiß, empfindet man in der Regel eine stärkere Verantwortlichkeit als gegenüber anonymen „Beschäftigten", denen man persönlich noch nie begegnet ist. Nähe steigert die Bereitschaft, Verantwortung zu übernehmen.

Und somit gehört es zur Verantwortung jedes Unternehmers und jedes Executive an der Spitze eines Unternehmens, Nähe zu seinen Stakeholdern zuzulassen und sich nicht hinter dem Etikett „Elite" vor ihnen zu verstecken. Autorität ist eine Eigenschaft von Menschen, und nicht von anonymen Funktionen. Ebenso, wie richtiges Handeln eine Funktion richtigen Denkens ist und nicht von vereinbarten Routinen, besticht eine Persönlichkeit durch richtiges Sein und nicht durch vereinbartes So-Sein. Denn Vereinbarungen haben keine lange Halbwertzeit.

These 6:
Führung versteht sich als innerer und äußerer Auftrag

Management Education, die sich auf die Erfolge alter Kulturen besinnt, sollte darauf hinwirken, der Gruppe der

Führungskräfte zu der Einsicht zu verhelfen, dass die anderen per se keine Konkurrenz sind. Sondern dass es darum geht, gegenseitig voneinander zu lernen, um ein größeres Werk zu gestalten und zu vollenden. Das erfordert Lernbereitschaft und diese wiederum Toleranz, Uneitelkeit und innere wie äußere Souveränität. Man gesteht dem Kollegen zu, dass er gewisse Dinge einfach besser kann als man selbst. Unter Freunden ist eine solche Großzügigkeit normal, unter Kollegen nicht. Im Unternehmen geben sich die wenigsten freiwillig eine Blöße, gestehen nur die wenigsten einem anderen freimütig Überlegenheit zu. Aus gutem Grund, denn in aller Regel macht man damit keine guten Erfahrungen.

Aus dem Teufelskreis auszubrechen ist nicht einfach. Es erfordert Mut und Gelassenheit. Üblicherweise hält man sich bedeckt. Die folgende Situation ist ein typisches Beispiel aus dem Alltag: Eine Gruppe von Managern unter Leitung eines Executive Coaches trifft sich zu einer offenen Aussprache über erfolgsfördernde und erfolgsverhindernde Faktoren im Führungsteam. Zur Eröffnung fragt der Seminarleiter rundherum nach den persönlichen Zielen der Teilnehmer. Die Antwort jedes und jeder einzelnen ist ausnahmslos: „Ich möchte mich in meinem Verantwortungsbereich erfolgreich positionieren; meine Vorgaben will ich dieses Jahr deutlich übertreffen; ich will unsere Bereichsziele deutlich übertreffen" oder ähnlich.

Gefragt wurde nach den *persönlichen* Zielen. Gefragt wurde nach den privaten Zielsetzungen für das Individuum, für die Familie, für das Leben, für das, was danach dafür stehen sollte. Doch zu privaten Themenfeldern, zu höchstpersönlichen Aspekten äußert sich kaum ein Manager coram publico, auch nicht auf Nachfragen. Das Terrain scheint vermint zu sein: Er könnte ja eine Angriffsfläche bieten, würde er wahrheitsgemäß antworten, dass sein größtes persönliches Ziel augenblicklich ist, mehr Zeit für seine dreijährigen Zwillinge zu haben, die Scheidung zu verhindern oder mehr Sport zu treiben. Wenn er diese Ziele seinen Kollegen mitteilt, könnten die denken, ihm bliebe ja weniger Kraft und Zeit für die Firma. Er wäre verwundbar, angreifbar und folglich gefährdet.

Die Angst vor der Achillesferse

Persönliche Defizite oder Probleme, Krankheiten und Niederlagen werden in den betrieblichen Gemeinschaften geheim gehalten. Niemand gibt zu, dass er in Schwierigkeiten steckt. Die Furcht ist einfach zu groß, dass der andere sein Wissen zum eigenen Vorteil einsetzt oder an die falsche Stelle weiterträgt. Manager sind einerseits machtbewusst, andererseits ängstlich, weil sie genau wissen, dass sie ihre Macht schnell verlieren können.

Gute Führung muss genau da ansetzen. Sie muss die Sorge ausräumen, die Offenheit des Mitarbeiters ausnutzen zu wollen und ihn ins offene Messer laufen zu lassen. Das wiederum heißt, gute Führung ist abhängig vom Vertrauen des Geführten in den Leader. Ein solches Vertrauen muss man sich erarbeiten. Vorschusslorbeeren werden nicht erteilt. Aber die Anstrengung ist unbedingt erforderlich und verspricht zudem gute Resultate. Wenn der Mitarbeiter allein gelassen wird mit seinen Schwierigkeiten, droht der Burnout, das Mauern, die innere Emigration und das Versagen. Gute Führung baut solchen Entwicklungen vor.

Zur Elite gehörig kann man sich zwar erklären, aber ohne die Bestätigung und die Achtung der anderen gehört man niemals dazu. Verantwortungsvolle Anführer kümmern sich um das persönliche Wohl ihrer Mitarbeiter und dienen auf diese Weise dem gesamten Unternehmen. Vielleicht nicht kurzfristig, nicht für Wochen oder Monate. Aber welches Unternehmen – und vor allem: welcher Unternehmer, welcher CEO – möchte schon als schnell in der Unendlichkeit verglühender Komet gesehen werden?

These 7:
Höchstes Augenmerk ist auf die Auswahl der Nachwuchselite zu richten

Zeitgemäßes Talentmanagement berücksichtigt, dass es keinen singulären Aufstiegsweg mehr gibt. Landete die vielversprechende Nachwuchskraft noch vor wenigen Jahren ohne Umweg im Führungskader der Linie, so führen heute diverse Wege zum Aufstieg. Der Einsteiger entwickelt sich zum Professional und dann erst zum Manager. Oder wird ein Fachexperte. Der Neue übernimmt schnell Linienverantwortung, stagniert in dieser Position aber dann eine ganze Weile. Das Talentmanagement der Unternehmen gleicht zuweilen einem Experimentierfeld mit zahllosen Variablen.

Dagegen ist prinzipiell nichts einzuwenden, denn es ist durchaus sinnvoll, Kandidaten ihren individuellen Stärken und Anlagen entsprechend individuell zu fördern. Unternehmen behalten sich auch zu Recht vor, Talent als solches immer wieder anders zu definieren, wobei sie an den Grundlagen in der Regel keine Änderungen vornehmen. Fachwissen, Employability und Persönlichkeit sind als Bausteine erwiesenermaßen unerlässlich. Auch formale Bildungs- und Ausbildungskriterien werden stets als unabdingbar eingestuft werden.

Führt man sich jedoch vor Augen, dass sich die moderne Gesellschaft kontinuierlich auf Veränderungen vorbereiten und diese vernünftig verarbeiten muss, dass sie darin sogar einer wachsenden Dynamik ausgesetzt ist, dass die Unsicherheiten nämlich exponentiell zunehmen werden, dann darf man tradierte Lösungswege nicht kritiklos übernehmen. Dann gehören auch vermeintliche Menschenkenntnis und bewährte Curricula auf den Prüfstand. Sowie die Personalauswahl desjenigen, der sich nur an der eigenen Bildungsbiografie ausrichtet, gewissermaßen Klone seiner selbst anzieht und fördert, so produziert auch ein festgezurrter Katalog der Anforderungen und Talente immer wieder die gleichen Resultate. Wenn beispielsweise das Attribut „Disziplin" nicht gefordert wird, wird es mit hoher Wahrscheinlichkeit auch nicht gefördert.

Es geht um Qualität und nicht um Quantität. Erster Schritt einer jeden Talentauswahl sollte sein, bewusst solche Personen in den Fokus zu nehmen, deren Potential aus heutiger Sicht auch zukünftig zu den Zielen des Unternehmens passt. Die operativen Einheiten brauchen Mitarbeiter, die den starken Willen und die Fähigkeit haben, mitzugestalten und Verantwortung zu übernehmen. Der zweite Schritt ist mindestens genauso wichtig wie der erste, wird aber bislang noch in vielen Unternehmen vernachlässigt. Positive persönliche Eigenschaften der Mitarbeiter und Manager müssen schneller erkannt und besser gefördert werden.

Das Wissen des Schwarms

Diese Forderung setzt Personalentwicklung und Führungsverantwortliche unter Druck. Sie müssen sich, stärker als gewohnt, mit Individuen befassen und mit deren Stärken und Schwächen. Talentierter Nachwuchs erwartet Vertrauen und Fairness. Toptalente wollen die Spielregeln beeinflussen können, nach denen sie agieren. Ihnen darf man nicht mit Standarderwartungen kommen. Die besten Manager sind lernfähig und wissbegierig. Enzyklopädisches Wissen dagegen gehört nicht zu ihren Vorzügen. Wenn exzellente Führungskräfte eine Wissensfrage haben, wenden sie sich an andere, die es wissen könnten, entweder persönlich oder im Forum. Wer gut ist, hat keine Scheu, Wissenslücken einzuräumen – wenn er guter Absicht ist, sie zu schließen.

Bis vor einigen Jahrzehnten wurde das für die Wirtschaft nötige Wissen nach dem Zunftprinzip – man könnte auch sagen: nach dem Maya-Prinzip – vermittelt: Nachwuchsmanager begannen ihre Laufbahn in einem Unternehmen und lernten dort von ihren Vorgesetzten all das, was diese für die Unternehmensführung als notwendig und richtig betrachteten. Management wurde eher als Handwerk denn als Wissenschaft verstanden.

Ebenso wichtig wie das individuelle Lernen wird freilich das Lernen in Gruppen, wird das Lernen der Menschen voneinander. Dabei haben Teamfähigkeit, Lern- und Arbeitstechniken, eigenständiges Lernen und Arbeiten, Kreativität und Belastbarkeit oberste Priorität.

Geteiltes Wissen macht stark

Das ist jedoch noch nicht alles. In den Unternehmen wird man sich in Zukunft von der Idee, dass Einzelne alles wissen können und sollen, verabschieden müssen. Das Wissen im modernen Unternehmen ist ein kollektives Wissen. Das Zurückschrauben der eigenen Erwartungen und Ansprüche wird vielen nicht leicht fallen, aber es gibt eine Präzedenz, aus der sich lernen lässt: die Arbeitsteilung. Sie funktioniert unter der Prämisse, dass eine übergeordnete Stelle dafür Sorge trägt, dass es zwischen den zuarbeitenden Teilbereichen nicht zu Reibungsverlusten kommt. Die Methode erfordert ein hohes Maß an Organisation, damit sich die isolierten Einzelprozesse am Ende wieder zu einem Ganzen zusammenfügen lassen. Doch wenn das gelingt, kann sich jeder der Akteure auf die Aufgaben konzentrieren, für die er bestens vorbereitet ist. Arbeitsteilung in diesem Sinne ist eine Spezialisierung mit dem Ergebnis der Effizienzsteigerung. Sie bewirkt keine Entfremdung von der Arbeit. Universalgenies allerdings werden sich in arbeitsteiligen Situationen unwohl fühlen. Aber deren Population ist eng begrenzt.

Wissensteilung führt nicht zu weniger Wissen, sondern zu spezialisiertem und geballtem und größerem Wissen. Geteiltes Wissen heißt, dass der Einzelne sich vorrangig mit den Wissensgebieten befasst, die seinen individuellen Eignungen und Neigungen am meisten entgegen kommen und mit deren Hilfe er in kürzester Zeit die besten Leistungen erbringen wird. Denn es ist leichter und grundsätzlich produktiver, Stärken auszubauen, als Schwächen beheben zu wollen.

Die vornehmste Aufgabe derer, die sich zur Elite zählen und von anderen dazu gezählt werden, ist sicherzustellen, dass der Nachwuchs von den gleichen ethischen und moralischen Prinzipien wie sie selbst angetrieben wird. Alles andere hat sich darunter unterzuordnen. Die junge Generation muss beileibe nicht auf denselben Wegen marschieren wie ihre Vorgänger. Aber es ist wichtig zu wissen, welche Wege mit Sicherheit in die Irre führen werden. Diese aufzuzeigen, Warnungen auszusprechen und erkennbare Konsequenzen aufzuzeigen, obliegt der Verantwortung der Elite von heute.

KAPITEL 8

Tradition und Innovation

Wir brauchen einen längeren Atem

Es soll hier nicht am Wert bewährter Traditionen gekratzt werden. Was gut ist, muss Vorbild bleiben. Ergänzungen allerdings sollten gestattet sein, ja sie sind ausdrücklich erwünscht. Tradition und Innovation dürfen nicht als sich gegenseitig ausschließende Punkte auf der Agenda des Unternehmens verstanden werden. Es kann immer nur darum gehen, Gutes zu bewahren und noch Besseres einzuführen.

Innovationen sind die größte unternehmerische Herausforderung überhaupt. Während Investitionen und Prozessoptimierungen mit gelernten Managemententscheidungen gesteuert werden können, müssen Innovationen häufig antizyklisch zum Konjunkturverlauf und parallel zum bestehenden Geschäft durchgesetzt werden. Sie erfordern nicht nur eine iterative Leistungssteigerung, sondern die Metamorphose der gesamten Organisation.

Das Gebot permanenter Innovationen gilt nicht nur für die Wirtschaft, sondern in beinahe noch höherem Maße für die Bildungseinrichtungen, in denen der Führungsnachwuchs auf die betriebswirtschaftliche Realität vorbereitet und weitergebildet wird. Gleichzeitig gilt: „Zukunft braucht Herkunft" (Odo Marquard). Executive Education sollte sich daher stets vor einer allzu bereitwilligen „Modernisierung" hüten. Nicht alles, was von Wissenschaftlern und Beratern an vorgeblich innovativen Methoden, an neuen Erkenntnissen und Lösungsansätzen auf den Markt geworfen wird, verdient Aufmerksamkeit. Die Wertschätzung von Tradition mag wenig Aufsehen erregen. Doch das schadet nicht.

Erziehung, auch die Weiterbildung Erwachsener, baut immer auf Vorhandenem auf. Man muss sich seiner nur erinnern. Nicht alles, was als Innovation antritt, ist wirklich neu. Es ist auch nicht jede Innovation die Mühe und die Kosten wert, derer es bedurfte, sie ins Leben zu rufen. Ohne Frage wird die langfristige zyklische Erneuerung der Wirtschaft von technischen Basisinnovationen eingeleitet: Dampfmaschine, Automobil, Computer und Internet sind typische Beispiele hierfür. Makroökonomische Eingriffe können hierbei allenfalls zeitweise stimulierend, siehe die Arbeit des MITI für die japanische Automobilindustrie in den 40er und 50er Jahren dieses Jahrhunderts, oder korrigierend beispielsweise durch staatliche Beschränkungen des Internetzuganges wirken. Die originäre Erzeugung und das Management von Innovationen jedoch ist die Aufgabe der Mikroebene, also der Unternehmen und Organisationen der Wirtschaft.

Der weltweite Wandel der Industrienationen zu Informations- und Wissensgesellschaften stellt enorme Herausforderungen an die Innovationskraft von Politik, Wirtschaft, Wissenschaft und Gesellschaft. In den vergangenen Jahren schmolz der Vorsprung der traditionellen Erfindernationen immer mehr zusammen. Die klassische Arbeitsteilung – Industrienationen wie die USA, Deutschland und die Schweiz erzielen Innovationsrenditen, Nachahmer vermarkten lukrativ die Imitate – funktioniert nicht mehr. Das Aneinanderrücken der beiden Pole verstärkt den Erfolgsdruck.

Wie jedes andere Führungsinstrument auch, ist auch das Innovationsmanagement im Rahmen einer dynamischen Wettbewerbsstrategie stets in einem engen Zusammenhang mit der Lernbereitschaft und der Lernfähigkeit der beteiligten Akteure, der Executive Manager, zu sehen. Von ihnen wird erwartet, ja verlangt, dass sie schneller lernen als die Wettbewerber. Auch dieser Druck nimmt zu.

Wirkliche Managementexzellenz zeigt sich seit jeher in der Bewältigung von unternehmerischen Herausforderungen. Die notwendige Voraussetzung hierfür ist ein hohes Maß an Fach- und Führungswissen; doch fast entscheidender noch sind die persönlichen Einstellungen zum Menschen, zur Ökonomie und zur Zukunft, die Werte und damit die geistige Grundhaltung der Führungspersönlichkeit. Aus ihr wächst die moralische Verantwortung für unternehmerisches Handeln.

Leader haben sich noch niemals damit begnügt, alle paar Jahre ein fünftägiges Führungsseminar zu besuchen und die Bulletins der Trendforscher zu abonnieren. Das bringt sie und die von ihnen geführten Unternehmen nicht in die Zukunft. Denn gelehrt wird vielfach nur, was der Trainer oder der Trendforscher heute wissen oder – eher noch – als gesichertes Wissen annehmen. Vor dem Hintergrund des Zwanges zur richtigen Weichenstellung entscheidend wichtig ist aber schon heute zu lernen, was wir in der Zukunft benötigen werden. Das genau beschreibt die Herausforderung eines Executive von heute, der danach strebt, sich selbst und sein Unternehmen auch morgen gesund durch den Wettbewerb zu steuern. Das genau beschreibt auch die Aufgabe von Executive Development.

Dabei könnte es moderne Weiterbildungsansätze für die Führenden in Wirtschaft, Politik und Gesellschaft durchaus bereichern, wenn sich ihre Protagonisten auf in der Vergangenheit nachweislich erfolgreiche Konzepte besinnen würden. Zum Beispiel auf das der Maya, einer Kultur, deren herausragende Leistungen in Wissenschaft und Gesellschaft ein Vergessen unmöglichen machen. Ich danke meinem Freund Jens Rohark, der seit vielen Jahren als Linguist und Reiseführer die Welt der Maya erkundet und für uns Nachgeborene erschließt. Ich danke jedem Leser, der meine Leidenschaft für dieses tapfere, disziplinierte und kluge Volk teilt. Vor allem aber danke ich all denjenigen, die heute nicht nur in der Verantwortung für Organisationen und Unternehmen stehen, sondern die sich auch darin *sehen* und ständig um Verbesserung bemühen.

Denn das ist die wahre Elite.

Literatur

Ariès, Philippe (1975), Geschichte der Kindheit. Paris 1960, deutsche Ausgabe München 1975

Beise, Marc (2011), Billig-Angriff auf die Banker, in: Süddeutsche Zeitung vom 18.10.2011, http://www.sueddeutsche.de/geld/politiker-zeigen-verstaendnis-fuer-occupy-bewegung-billig-angriff-auf-die-banker-1.1166788

Büttner, Jean-Martin (2011), „Sie kommen, nehmen und gehen wieder", Interview mit Thomas Knecht in der Berner Zeitung vom 4.10.2011. http:// http://www.bernerzeitung.ch/wirtschaft/unter-nehmen-und-konjunktur/Sie-kommen-nehmen-und-gehen-wieder/story/13502254

Christenson, Allen (2003), Poopol Wuuj – The Sacred Book of the Maya", University of Oklahoma Press 2003. Aus dem Englischen übersetzt von Jens Rohark.

Colas, Pierre R.; Voß, Alexander (2006/2007) Spiel auf Leben und Tod – Das Ballspiel der Maya. In: Grube, Nicolai (Hrsg.), Maya – Gottkönige im Regenwald. Potsdam 2006/2007

Cortez, Hernán (1520), Die Eroberung Mexikos. Frankfurt 1980

Eberl, Markus (2006/2007), Prozessionen, Pilger, Lastenträger – die Zeremonialstraßen. In: Grube, Nicolai (Hrsg.) Maya – Gottkönige im Regenwald. Potsdam 2006/2007

Eliade, Mircea (1975), Schamanismus und archaische Ekstasetechnik. Stuttgart 1975

Gadamer, Hans-Georg (1976), Kleine Schriften. Tübingen 1976

Grube, Nicolai (2006/2007), Bücher aus Rindenpapier in: Grube, Nicolai (Hrsg.) Maya – Gottkönige im Regenwald. Potsdam 2006/2007

Grube, Nicolai; Martin, Simon (2006/2007), Die dynastische Geschichte der Maya, in: Grube, Nicolai (Hrsg.) Maya – Gottkönige im Regenwald. Potsdam 2006/2007

Grube, Nicolai (2006/2007), Sonnenfinsternisse – die Angst vor dem Ende in: Grube, Nicolai (Hrsg.) Maya – Gottkönige im Regenwald. Potsdam 2006/2007

Grube, Nicolai (2006/2007), Die Hieroglyphenschrift – Das Tor zur Geschichte, in: Grube, Nicolai (Hrsg.) Maya – Gottkönige im Regenwald. Potsdam 2006/2007

Hagen, Victor W. von (1976), Sonnenkönigreiche. München, Zürich 1976

Hansen, Richard P. (2006/2007), Die ersten Städte – beginnende Urbanisierung und Staatenbildung im Mayaland, in: Grube, Nicolai (Hrsg.) Maya – Gottkönige im Regenwald. Potsdam 2006/2007

Hansen, Richard P. (2011), Mighty Maya Cities Succumbed to Environmental Crisis, in: Interview mit Julio Godoy in Global Issues, http://www.globalissues.org/news/2011/09/07/11093

Hessel, Stéphane (2011), Empört Euch!. München 2010

Kidder, Barry Bruno (2009), Maya Scribes who would be Kings: Shamanism, the Underworld, and Artistic Production in the Late Classic Period. Dissertation an der Texas State University San Marcos 2009

Landa, Diego de (1566), Bericht aus Yukatán. Stuttgart 1990, Neuauflage 2010

Las Casas, Bartholomé de (1665), Umstandige wahrhafftige Beschreibung der Indianischen Ländern, so vor diesen von den Spaniern eingenommen und verwüstet worden. Original im Völkerkundemuseum Wien. Faksimile-Aufgabe Volkstum-Verlag Wilhelm Landig. Wien 1970

Martin, Simon (2006/2007), Unter einem tödlichen Stern – Krieg bei den klassischen Maya in: Maya - Gottkönige im Regenwald, Grube, Nicolai (Hrsg.). Potsdam

Masson, Marilyn (2006/2007), Dynamik des reifenden Staatswesens in der postklassischen Maya-Gesellschaft, in: Grube, Nicolai, Maya – Gottkönige im Regenwald. Potsdam 2006/2007

Phillips, Charles (2007), The Everyday Life of the Aztec & Maya. London 2007

Prager, Christian (2006/2007), Hofzwerge – Begleiter der Herrschenden und Boten der Unterwelt, in: Grube, Nicolai, Maya – Gottkönige im Regenwald. Potsdam 2006/2007

Riese, Berthold (1995), Die Maya, Geschichte, Kultur, Religion. München 1995, 5. Auflage 2004

Rohark, Jens (2008), Die ballspielenden „Göttlichen Zwillinge" des Poopol Wuuj. AmerIndian Research, Bd. 3/2, Nr. 8

Rohark, Jens (2008a), Poopol Wuuj: Das heilige Buch der K'icheé-Maya von Guatemala. Magdeburg 2008

Rohark, Jens (2008b), Faszination 2012 – Das Buch zum Maya-kalender. Magdeburg 2008

Scheele, Linda; Miller, Mary Ellen (2010) Die moderne Erfindung der alten Maya, in: de Landa, Diego, Bericht aus Yukatán. Stuttgart 2007

Sprenger, Reinhard K. (2000) Aufstand des Individuums: Warum wir Führung neu denken müssen. Frankfurt/New York, 2. Auflage 2001

Stähli, Albert (1999) Management-Andragogik in der Business School 2000, in: Berndt, R. (Hrsg.), Management Strategien 2000. Berlin/Heidelberg 1999

Stähli, Albert (2001) Management Andragogik 1, Harvard Anti Case. Berlin/Heidelberg/New York 2011

Stähli, Albert (2003), Leadership in der Management Andragogik, in Berndt, R. (Hrsg.), „Leadership in turbulenten Zeiten", Band 10, Berlin/Heidelberg 2003

Stähli, Albert (2006), Management-Weiterbildung für KMU in der International Business School, in Berndt, R. (Hrsg.), Management Konzepte für kleine und mittlere Unternehmen, Band 13. Berlin/ Heidelberg 2006

Stähli, Albert (2006), Management Andragogics 2, Zurich Living Case. Berlin/Heidelberg New York 2006

Stähli, Albert (2009), Management Development 2010 – World Executive MBA: Eine Star Alliance für Global Executive Education. In: Berndt, R. (Hrsg.), Weltwirtschaft, Band 15, Berlin/Heidelberg 2009

Taladoire, Eric (2005), Die Maya. Paris 2003, deutsche Ausgabe Darmstadt 2005.

Teufel, Stefanie (2006/2007), Heiratsdiplomatie – Frauen am Königshof in: Grube, Nicolai (Hrsg.), Maya – Gottkönige im Regenwald. Potsdam 2006/2007

Thompson, J.E.S. (1977), Die Maya. 2. Aufl. München 1970

Voss, Alexander W. (2006/2007), Astronomie und Mathematik, in: Grube, Nicolai (Hrsg.) Maya – Gottkönige im Regenwald. Potsdam 2006/2007

Wagner, Elisabeth (2006/2007), Jade – das grüne Gold der Maya, in: Grube, Nicolai (Hrsg.), Maya – Gottkönige im Regenwald. Potsdam 2006/2007

Wagner, Elisabeth (2006/2007), Schöpfungsmythen und Kosmographie der Maya, in: Grube, Nicolai (Hrsg.), Maya – Gottkönige im Regenwald. Potsdam 2006/2007

Wildemann, H. (2003), Die Führungskraft auf unsicherem Terrain, in: Frankfurter Allgemeine Zeitung vom 5.5.2003, S. 24

Der Autor

Albert Stähli, Dr. rer. soz. oec., ist anerkannter Experte auf dem Gebiet der modernen Management-Andragogik und Autor mehrerer Bücher und Schriften zu diesem Thema. Um die Weiterbildung von Executives in der Wirtschaft deren Berufsanforderungen entsprechend zu gestalten, gründete und leitet er die Graduate School of Business Administration (GSBA) in Zürich und Horgen am Zürichsee. Als passionierter Weltentdecker beschäftigt er sich seit vielen Jahren mit den altamerikanischen Kulturen der Inka, Maya und Azteken und hat sich darin auch außerhalb der Schweiz den Ruf einer Autorität erworben. Als gelernter Andragoge interessieren ihn ganz besonders die Bildungskulturen in den untergegangenen Sonnenkönigreichen. Albert Stähli lebt nahe Zürich in der Schweiz.